中华先贤人物故事汇

张居正

陈时龙 著

中华书局

图书在版编目(CIP)数据

张居正/陈时龙著. —北京:中华书局,2023.5(2024.7重印)
(中华先贤人物故事汇)
ISBN 978-7-101-16028-4

Ⅰ.张… Ⅱ.陈… Ⅲ.张居正(1525~1582)-生平事迹
Ⅳ.K827=48

中国版本图书馆 CIP 数据核字(2022)第 234104 号

书　　名	张居正
著　　者	陈时龙
丛 书 名	中华先贤人物故事汇
责任编辑	徐卫东
美术总监	张　旺
封面绘画	纪保超
内文插图	纪保超
责任印制	管　斌
出版发行	中华书局 (北京市丰台区太平桥西里38号　100073) http://www.zhbc.com.cn E-mail:zhbc@zhbc.com.cn
印　　刷	三河市宏达印刷有限公司
版　　次	2023年5月第1版 2024年7月第3次印刷
规　　格	开本/787×1092毫米　1/32 印张 4⅛　插页 2　字数 50 千字
印　　数	5001-7000 册
国际书号	ISBN 978-7-101-16028-4
定　　价	22.00 元

中华先贤人物故事汇

出版说明

孔子周游列国，创立儒家学说；张骞出使西域，开辟丝绸之路；书圣王羲之，留下了曲水流觞的佳话；诗仙李白，写下了"举头望明月，低头思故乡"的名篇；王安石为纠正时弊，推行变法；李时珍广集博采，躬亲实践，编撰医药学名著《本草纲目》……

这些杰出的历史人物，有的是在中华民族文明进程中做出过突出贡献、对后世产生过巨大影响的思想家、政治家，有的是对中华优秀传统文化的传承传播发挥过重大作用的文学家、艺术家、科学家，有的是为国家安定统一、民族融合团结和中外文化交流做出过杰出贡献的军事家、外交家……他们为中华民族的繁荣发展做出了伟大的贡献，他们的行为事迹、风范品格为当世楷模,并垂范后世。

他们是中华民族的先贤人物。他们的思想、品德、事迹,是中华优秀传统文化的结晶;他们的故事,是对中华民族的禀赋、特点和气质最生动、最鲜活的阐释;他们的名字,在五千年中华文明史上最为光彩夺目;他们为五千年中华文明史书写了最为光辉灿烂的篇章。

为了解先贤,走近先贤,我们精心组织编写了这套《中华先贤人物故事汇》丛书,以翔实可靠的史料为依据,细腻动人的故事为载体,真实地呈现中华先贤人物的事迹、品格和精神风貌,彰显他们的贡献和功绩,激发人们对国家民族的热爱,对中华文明、中华优秀传统文化的崇敬。

开卷有益,期待这套丛书成为你的良师益友。

目 录

导读 …………………………………… 1

荆州小秀才 …………………………… 1

科举之路 ……………………………… 8

翰林院的新人 ………………………… 19

归乡岁月 ……………………………… 29

裕王府讲官 …………………………… 37

徐阶的赏识 …………………………… 44

隆庆初的内阁岁月 …………………………… 50

由次辅到首辅	57
为帝者师	63
著史的贡献	70
考成法	76
丈量田亩	83
一条鞭法	91
整顿边事	99
知人善任	103
鞠躬尽瘁	108
张居正生平简表	115

导 读

张居正（1525—1582），字叔大，号太岳，湖广荆州府江陵县（今湖北荆州）人，是明朝历史上伟大的政治家，也是中国历史上伟大的改革家之一。他在万历初年坚定推行的政治改革和经济改革，实现了富国强兵。

嘉靖四年（1525），张居正出生于一个普通的读书人家庭。他自小颖悟过人，十二岁成为府学的学生，十六岁成了举人，二十三岁考中进士，并且顺利地进入清要之地翰林院。他一生从来没有做地方官的经历，但留意典章，对明朝的政治、经济制度很熟悉，也深悉当时政治和经济方面的弊病。无论是他在刚刚出任翰林院编修时所上的《论时政疏》，还是他在决意暂时离开京城时写给当时内阁大学士徐阶的信，都切中时弊，不过都石沉大海，没有回响。有大约六年的时间，他乡居养病，读书学农，好像要忘却政治，但终归还是留意地方利弊，也仍然通过读书不断地积累自己治理国家的知识。到嘉靖朝（1522—1566）后期，由于得到恩师徐阶的器重，张居正才在政治上逐渐崭露头角。同时，作为皇位继承人裕王朱载垕的王府讲官的经历，使他逐渐进入权力的中心。朱载垕即位后不久，张居正便迅速得到提拔，在隆庆元年（1567）进入内阁，次年上《陈六事疏》，系统提出自己的治国纲领。在隆庆一朝的内阁中，他小心谨慎地避免被隆庆内阁中徐阶与高拱的斗争误伤，又在隆庆后期与高拱协心辅政。

隆庆六年（1572）高拱被迫离任之后，由于皇帝幼小，张居正成为明代历史上最有权力的内阁大学士，虽无宰相之名，而有宰相之权。他有条不紊地展开自己的治国计划，最初是从官场陋习的整顿开始。通过随事考成的考成法的实施，他强化了政府的执行力，由内阁监督六科，六科监督各省巡抚、巡按，抚、按监督各级地方官员，层层传导压力，从而一改以往官场颓靡慵懒的风气。在经济上，他注重国家层面财政收支的平衡，一方面通过全国范围内清丈田亩将大量隐占田地清理出来，从而保证赋税充盈，另一方面倡导国家开支上尽量节俭，开源节流两头发力，改变了嘉靖后期以来朝廷入不敷出的局面，使国库有了大量的积蓄。在军事上，他重用戚继光、李成梁等将领，确保边防的稳定。因此，万历初年的明朝，在张居正的有效治理下，国富兵强，社会稳定。

张居正是一个实干的政治家，同时也是一个有多方面才能的人，例如他的史学才能就往往被人忽略。他在极短的时间内组织完成了嘉靖一朝四十五年、隆庆一朝六年两朝实录的修纂，恢复了记录皇帝言行的起居注制度，启动了《大明会典》的重新修纂。他的诗文才华也被他的政治才能所散发的光芒掩盖。

当然，不可否认，他也会有一些缺点。但是，对这样一位伟大的政治家，应当更多肯定他一心为公的精神，更多肯定他为国家和人民所做的贡献。

荆州小秀才

荆州扼守长江，据江湖之会，自古为兵家必争之地，战略地位重要。清代《荆州府志》中说："上自彝陵（今湖北宜昌），为荆楚之门户，下至岳州（今湖南岳阳），为东南之巨防，宣力剿御，皆以沿江为进取，水陆实称险要。"作为长江流域的重要城市，它在秦汉时期便已兴起。班固《汉书》说，荆州"西通巫巴，东有云梦之饶，亦一都会也"。千年之下，荆州府的战略地位、城市经济在明代初年依然重要。明代先后有两位藩王分封于此，他们是太祖朱元璋的十二子湘王朱柏和十五子辽王朱植。洪武十一年（1378），朱元璋将其第十二子湘王朱柏分封在荆州府，镇守此战略要地。

朱柏在建文年间自焚而死。十五世纪初,最初分封在辽东的辽王朱植移封于此,辽王府也成为荆州城内最重要的机构。

王府护卫军士之中,有一人名叫张镇。张镇的祖上据说可以远溯到元末张关保——一位跟从朱元璋起兵的无名英雄,在明初官至归州守御千户所千户。按照明朝的制度,张家自此便是军籍,只不过能够袭任千户的往往是嫡长子一支,张镇的父亲张诚是张关保的曾孙,但不是长曾孙,就没有袭任军官的荣光了,只能在耕读中讨生活。对军籍子弟来说,读书的动力反而更足,因为一旦读书应试能够成为府州县学的儒学生员,就不会有被朝廷勾为军士的风险了。张镇的弟弟张钛便是一个读书人,入江陵县学做了一个县学生。张镇的兄长张钺善于治产,家道日益殷实。张镇既不读书,又不治产,只得入辽王府当了个护卫军卒,不过是一个为王府荷戟护院的小兵而已。张镇自己不喜欢读书,但对儿子张文明的教育却是真上心。张文明,字治卿,号观澜,少年时长得白皙秀美,差点被选配给辽府宗室的女子,但被张镇拒绝了。拒绝也是有理由的,因为在明代一旦成为朱姓宗室的姻亲,在政治上就不可能有任何作为,而张镇显然对自己的儿子寄予了更多的希望。二十岁左右,张文明考试合格,顺利成为当时荆州府学的生员。这一年,正是嘉靖四年(1525)。也正是在这一年,张文明的儿子张居正在江陵县出生。古代的人常用一个人的籍贯来指代某人,因此在明清不少的史籍中都称张居正为"张江陵"。江陵县是荆州府的附郭县,而张居正的家,就在府城东部的沙市。

府学生分三六九等,第一等是廪膳生员,可以享受政府提供的补助,每个府的儒学只有四十个名额;第二等是增广生,没有补助,名额跟廪膳生员一样多,四十人;第三等是附学生,既没有补助,也没有名额的限制。然而,即便廪膳生员的廪米,也不过每月六斗。因此,在明代,儒学生员必须要靠到私塾中教书或者其他经营活动甚至非法的经营来获得收入。对经营不善的儒学生员来说,连参加乡试的路费往往都难以承担,养家糊口自然也成问题。

嘉靖二年(1523),许宗鲁出任湖广提学副使,将荆州府中的优秀学生挑选出来,集中到书院肄业,张文明亦在其中。然而,别的肄业生相继取科第,张文明到湖广的武昌府先后参加过七次湖广乡试,却都没有成功。因此,张居正的家庭,不过是一个穷书生的家庭。他后来就说自己"家世寒贱","少苦笃贫,家靡担石"。当然,在封建社会,对这样的家庭来说,改变命运的最重要途径还是读书。张居正后来对儿子张懋修说:"吾家以诗书发迹。"在写给徐阶的书信中,他也说过:"正自寒士,非阀阅衣冠之族,乏金张左右之容。"一直到张居正中了进士做了官,家里"裁有田数十亩",家境开始慢慢地兴旺发达起来。

嘉靖四年(1525),也就是父亲成为府学生的当年,五月初三日,张居正出生。母亲赵氏。像所有伟大的人物一样,张居正的出生也被附会了各种传说。据说张居正出生那天夜晚,曾祖父张诚梦见一轮明月坠入水瓮中,流光发色,化为一只白龟,从水中浮起。因此,当晚出生的张居正,就被取名为张白圭。两岁的时候,张居正已聪颖异常。有一天,他的叔父张钺指着《孟子》"王曰"两字,对小张居正说:"看看认识这两个字吗?要是认识就真神奇了!"据说,小张居正竟然能把"王曰"两字全部读出。从此,人们都视张居正为神童。他五岁开始发蒙,十岁的时候就把经书的大义完全了解了,并且已经能够开始撰写一些文章了。

当然,在那个年代,读书、参加科举考试、做官,是几乎所有男人的梦想。而要在日后能有资格参加科举考试,最好先进入各府、州、县设立的儒学,做一名秀才。要成为秀才,也需要参加专门的甄别和选拔考试,叫童试。童试包括县试、府试和院试三个阶段,即先参加由各县知县主持的县试,再参加知府主持的府试,合格者最后由提学官员考试审核,一旦获选就可以正式进入官办的儒学中学习,获得生员的资格,俗称秀才。

嘉靖十五年(1536),十二岁的张白圭参加童试了。这一年担任荆州知府的是山东长山人李士翱。李士翱(1488—1562),字如翰,号长白,嘉靖二年(1523)进士,之前曾任潜山、婺源两地的知县,因为政绩突出选任为御史,再由正七品的御史出任正四品的荆州知府。府试考试的内容其实比县试简单。县试完全模仿后来的科举考试，要考《四书》和士子所治的本经各一篇，还要考论和策，基本是模仿了乡试、会试的第一场和第三场。大概由于参加府试的人都是经县试选拔而来，府试考试的内容相对简单，一般只考一篇对四书五经作经义方面解释的八股文，再考一篇论。然而，考的内容虽然少了，但府试之后的府取却最为关键，因为府取之后向提学官申报审核的名额只有一半能成功录为生员。这或许也是张居正的生平传记中唯独对府试和之后的院试有所记载的原因。因为录取很关键，所以记忆便深刻。据说，这一年府试，当知府李士翱看到年幼而面貌清秀的张居正从台阶上缓缓走来，想起前一日梦里似曾见过这样一位清秀少年，感觉自然亲近。在得知张居正名叫白圭之后，李士翱说道："白圭这个名字配不上你。"他甚至早早预见未来张居正的成就必定非凡，可以为"帝者师"。张居正府试成绩很优秀，顺利地进入之后由各省提学官组织的院试。

不久，提督学校的官员田顼巡行至荆州。田顼，字希古，号柜山，福建大田县人，也是少年英才,正德十一年(1516)二十一岁中举人,正德十六年(1521)中进士,文才出众,"文崇先汉,诗类晚唐"。因为有之前县试、府试的基础,院试形式反而更为简单了。田顼让张居正作一篇《南郡奇童赋》。张居正不假思索,援笔立就。感慨之余,田顼问李士翱:"你觉得这位小神童的聪明,与汉初的才子贾谊相比如何啊?"李士翱回答说,即便贾谊也不及这位神童聪明。田顼深以为然,于是顺理成章地让张居正入了府学成为生员。不久,李士翱向张居正的父亲张文明建议,让孩子在入府学之时改名为张居正。

张居正有一首诗名为"题竹",据说是他应考生员时所作,诗云:"绿遍潇湘外,疏林玉露寒。凤毛丛劲节,只上尽头竿。"独立不拔的气概,是张居正从竹中悟到的东西,而此诗中也同样反映了少年像竹一样的顽强与高洁的品格。

科举之路

嘉靖十六年（1537），十三岁的张居正还只是一个孩子，却要从荆州府到武昌府（今湖北武汉）去参加该年的乡试。在他之前，在正德末年、嘉靖初年任内阁首辅大学士的杨廷和曾经在成化七年（1471）十二岁时中四川举人。如果张居正顺利考中举人的话，他大概会成为明代继杨廷和之后最年轻的举人。

这一年，乡试的监临官是时任湖广巡按的冯御史，而时任湖广巡抚为顾璘。顾璘，字东桥，南京人，弘治九年（1496）进士，是一个很有才学的人，能诗善文，年少时就与陈沂、王韦并称"金陵三俊"。顾璘在之前就听说过张居正。他的一个亲戚客居荆州府，附庸风雅，准备好诗册请当地的读书人题咏其上，当时还没有入府学的生童张居正跟着塾师也在上面题了一首。诗册辗转流到顾璘的手中。顾璘看到张居正的诗后，感慨道："此不是平常人，我应该找找他认识一下。"借着巡行荆州的机会，顾璘召集儒学的生员们问道："谁是张白圭啊？"众人面面相觑，都不认识还是小儒童的张居正，回答说没有这个人。恰巧有一个生员正好与张居正家住在同一条巷子里，回答道："我认识，是一个少年书生。"顾璘命人将张居正请来，出对联考他。顾璘出的上联是"玉帝行师，雷鼓电旗云作队，雨箭风刀"，张居正应声对道："嫦娥织锦，星经宿纬月为梭，天机地轴。"顾璘被张居正的才思敏捷打动了。已然身居高位且是诗文名家的顾璘，后来还不忘向十岁的张居正赠诗。顾璘《赠寄张童子》其一云："今看十岁能长赋，何用从前咤陆机。"陆机是西晋时期的名士，年少便以才学闻名。顾璘的意思是说，看看此刻十岁能作长赋的少年张居正，我们又何必去羡慕历史上的少年天才陆机呢。

得知张居正来到省城考试了，顾璘却对冯御史说道："张孺子天授，即令蚤在朝廷，宜亦无不可，然余以为莫若老其才，他日所就，当益不可知耳。此使君事也，使君其图之。"毕竟，十三岁的举人，多少有点骇人听闻，过于少年得意也不一定有利于张居正的成长。顾璘的意思是，张居正是天纵之才，早早地中举在朝廷为官自无不可，但最好是让他稍稍年龄再大一些，将来成就会更大，但是科举考试是您冯御史负责的事情，您好好谋划一下。顾璘的意见冯御史听进去了，纵然张居正在这一科的乡试中表现优秀，而且时任湖广按察佥事的陈束作为监试官对张居正极为欣赏，但冯御史仍然故意将张居正放在不予录取之列。

三年后的嘉靖十九年（1540），十六岁的张居正再次从荆州来到武昌应乡试。这一年，他顺利地在两千七百多名应考生员中脱颖而出，成为举人，在九十名新科举人中排名第三十，所考本经是《礼记》。

成为举人之后，正好昔日的巡抚顾璘因为受命前来修缮皇帝生父兴献帝的显陵，张居正趁机谒见顾璘。顾璘接见了他。顾璘向他解释了自己为什么让他晚三年才中举的理由，就是要让他大器晚成，并且举当初明太祖朱元璋要才子解缙归乡读书十年之后再回朝大用的话来鼓励张居正。顾璘毫不吝啬自己对张居正的期许，不但夸赞他是国家之栋梁，是"国士"，将来定当为国家的枢要之臣，并且解下了身上所佩犀带赠送给他，鼓励他道："犀带是不配你的，你将来要佩的是玉带。"临别之际，顾璘还把自己的幼子顾峻叫了出来，对顾峻说："此荆州张秀才也。他年当枢要，汝可往见之，必念其为故人子也。"他要自己的幼子与张居正相识，并请张居正将来有机会照拂顾峻。多年之后，张居正回忆起来，宛然历历在目："东桥顾公其抚楚时，拔正于毁齿之时，称为神童……一见即呼为小友，解束带赠之，临别又以其幼子见嘱。"当然，后来当政的张居正也记着这份恩情，以之前顾璘督工显陵有功未荫，让顾峻承了顾璘之荫。

顾璘劝谕张居正说，"愿吾子志伊学颜，毋徒以秀才独喜自负也"，希望他能像商代的伊尹一样是个能臣，像孔子的门人颜回一样，做个圣贤，而

顾璘解下了身上所佩犀带送给少年张居正,鼓励他道:"犀带是不配你的,你将来要佩的是玉带。"

不要稍有一些才华便沾沾自喜。然而，少年中举，张居正的自信心多少有点膨胀，甚至有点骄傲了，觉得自己就是屈原、宋玉、班固、司马相如之类的人物，功名唾手可得，从此对科举的制义之业了不用心，而开始用心于古典之学，甚至涉猎佛学。但即便如此，作为府学生员的张居正，仍然是府学之中最杰出的那一个。

早在嘉靖十八年（1539），李元阳随皇帝南巡，留任荆州知府。李元阳（1497—1580），字仁甫，号中溪，云南大理人，嘉靖五年（1526）进士，是十六世纪著名的文学家、理学家，对佛学也很有研究。闲暇时，他会督责府学和县学里生员们的功课，加以考试。据说他在得到张居正的试卷之后，大加叹赏，评价道："此子当为太平宰相。"把张居正列为参加考试的六百人之首。李元阳对张居正的影响很明显。一直到晚年，张居正都始终称呼李元阳为老师。或许，张居正一生对佛学感兴趣的种子，也是这一时期由李元阳种下的。

旁骛太多，势必影响张居正的备考。结果，嘉靖二十三年（1544）在北京的会试，朝廷从四千多名参加考试的举人中录取了三百二十人，而张居正却名落孙山，铩羽而归，第一次尝到考试失利的苦涩。此后他幡然醒悟，重拾科举之业，立志先谋得一进身之阶再说。回顾这段经历，张居正感慨地说道："吾昔童稚登科，冒窃盛名，妄谓屈、宋、班、马，了不异人，区区一第，唾手可得，乃弃其本业，而驰骛古典。比及三年，新功未完，旧业已芜。……甲辰下第，然后揣己量力，复寻前辙，昼作夜思，殚精毕力，幸而艺成，然亦仅得一第止耳，犹未能掉鞅文场，夺标艺院也。"这也算年龄不大的张居正的一个重要的思想转折了。

嘉靖二十六年（1547）春，张居正在北京第二次参加会试。虽然会试取得成功，但名次确实不高：第一百六十名。但是，这是之前失利后的重新崛起，算得上醒悟及时了。考试的地点在京师的贡院。若干年后，他为重修的贡院写记，还详细地描写了贡院的规制：贡院前有三个坊，左面的叫"虞门"，右面的叫"周俊"，中间的写着"天下文明"四字；进入贡院有两道门，通过两道门后稍右再有一道门，称为龙门；从龙门沿着直直的甬道往北，是称为"明远楼"的高楼，考试时军士在上面负责瞭望，甬道两边是密密麻麻的东西号房，分为七十区，每区七十间，共四千九百间，是考生们考试的房间；往后有四进，先是至公堂（其东为监试厅、弥封所、受卷所，西为对读所、誊录所），试卷的处理基本上在此完成；之后为聚奎堂，是主考官居住的地方；之后为燕喜堂；最后为会经堂，东西共有经房二十三楹，是同考官们居住的地方，每房初选出优秀的试卷也在此处。张居正考试时的本经依然是《礼记》。当时《礼记》的两位房考官，分别是翰林院陈以勤（1511—1586），以及当时文学之名很大、时任刑部主事的吴维岳（1514—1569）。取中张居正的人，正是吴维岳。

吴维岳，字峻伯，浙江孝丰县（今属浙江安吉）人，嘉靖十七年（1538）进士，由江阴知县改刑部主事。因为是当时的《礼记》名家，吴维岳受命同考会试，作为该科十七名同考试官之一，协助考试官孙承恩、张治完成该科进士的选拔工作，从四千三百多名应试举人中选出了三百名会试中式者。吴维岳在《春闱校艺》一诗中写道："风前阅骏惊殊态，夜里探珠觉有光。"同考官们日夜不停地精心校阅，最终从以《礼记》为本经的考生中共录取二十二人，而由吴维岳房选中十人，其中包括会试的第一名会元胡正蒙，以及张居正、汪道昆等人，都是千里马，是后来文章、政事有名于时的人物。吴维岳在辛酉岁（1561）另有一诗，诗题是"简侍读胡正伯、司业张伯端，二君皆以《礼》经为余所举"。"伯端"就是张居正在号"太岳"之前的自号。

嘉靖二十六年（1547）三月十五日，三百名会试中式的举人在北京皇城中央的奉天殿参加殿试。嘉靖皇帝亲临奉天殿策试。殿试考试项目比较简单，由皇帝出一道策论题，由会试中式者对策。这一次，皇帝所出的策题，直接涉及道统与治统的问题。皇帝说，唐代的韩愈主张在君主治统之外，另外还有一种道统，由尧、舜、禹、汤、周文王、周武王、孔子、孟子相承，孟子之后便不得传，而宋代的理学家们则相沿这种说法，认为宋儒周敦颐、程颢、程颐、朱熹四人得"孔孟不传之绪"。嘉靖帝说，这样一种说法乃是因为儒者的门人们"尊尚师说，递相称谓"，以至于不知不觉中把儒者的地位抬得比帝王还要尊贵，而忘了这样的说法其实是一种僭越。嘉靖皇帝进而说道，汉唐英明之主也不在少数，我朝太祖高皇帝（朱元璋）、成祖文皇帝（朱棣）治国更是一本于道，难道他们不是"上继皇王道统之正"吗？更进一步，皇帝本人"远绍二帝三王大道之统，近法我祖宗列圣之传"，难道不能继承尧舜孔孟以来之道统吗？最后，皇帝颇为疑惑地说道："孔孟以来，上下千数百年间，道统之传，归诸臣下，又尽出于宋儒一时之论，此朕所深疑也。"虽说只是"深疑"，其实无非是对宋明理学诸儒以道统自炫的批评。

根据对策的水平，并且参考各种因素，皇帝将会试中式者分成三等：一甲三人，赐进士及第，即状元、榜眼和探花；二甲九十人，赐进士出身；三甲二百零七人，赐同进士出身。三月十九日，殿试结果揭晓，张居正的名次有大幅度的提升，成为二甲第九名。这大概是因为张居正策论写得好，或许还因为他青春年少，更容易得到读卷官夏言、严嵩等人的赏识。《嘉靖二十六年登科录》中辑录了状元李春芳、榜眼张春和探花胡正蒙三人的对策，很遗憾没有张居正的对策。然而，对张居正而言，之前只是习惯于读宋儒程朱之书，至此多少可能会被皇帝的策问惊醒：到底是皇权尊贵，还是读书人所说的"道"尊贵？尊主权，而不是尚空论，这样的思想也许在此时的张居正心中已经萌生了吧。后来许多年里，张居正虽然跟胡直、罗汝芳、耿定向等讲学人士关系不错，但总是若即若离，对讲学活动保持着一定的警惕，其根源或许就在这一次于张居正而言几乎是振聋发聩式的策问。终其一生，在政事与学术之间，他更趋向于选择政事。

翰林院的新人

中进士后不久,张居正被选为庶吉士,进入翰林院学习。翰林院庶吉士的制度,最早开始于永乐初年,当时的永乐皇帝取星宿二十八宿的吉祥寓意,一次性从新科进士中选取二十八人进入翰林院学习。此后,历代皇帝基本上都会沿袭此制,或一科一选,或数科一选。庶吉士在翰林院学习数年之后,一般都会留在翰林院为官。翰林院的位置一向清要,被视为将来出任内阁大学士的渊薮。在明代的内阁大学士中,由翰林院出身的占到"十之九",有"非翰林不入内阁"的说法,因此,庶吉士虽只是一种见习性质的官员,在翰林院中称为馆选,三年后散馆才授以实职,但由于庶吉士是翰林院官员的备选人,"始进之时,已群目为储相",将来有很大机会成为内阁大学士。也正因如此,就是替人写应酬文章,翰林院官员润笔的价码也高于其他京官。因此,张居正在中进士之后有幸以庶吉士身份进入翰林院,在世人看来其前途已不可限量。

在翰林院,张居正遇上后来影响了自己一生的人——徐阶。徐阶(1503—1583),字子升,号少湖、存斋,明代松江府华亭县(今上海松江区)人,嘉靖二年(1523)进士,一甲第三人(探花),历仕至内阁首辅大学士,是十六世纪中期著名的政治家。嘉靖二十六年(1547)初,因为新任吏部尚书闻渊的排挤,作为副贰官的吏部侍郎徐阶选择了退让,兼任翰林院学士,到翰林院教习从新进士中选拔出来的优秀青年——庶吉士。张居正后来为徐阶七十大寿写的序文中说:"往余读中秘书,则公为之师。"徐阶虽然已经闻名于朝,但在教习庶吉士上却不摆架子,非常认真负责,"不废教习"。张居正便在这些受教的庶吉士之中。徐阶对张居正的欣赏,也从那时候开始。他看到张居正为人性格"沉毅渊重",其所作之文章虽然泛滥于子史百家之言,而其学却"一本之躬行,根极理道",遂"独深相期许",笃定地认为张居正将来必是使国家强盛的忠臣。

徐阶的眼光是对的。翰林院是一个清静之地,都是闲职,没有什么实际的政务。明代中期著名的大学士彭时在他的《可斋杂记》中说:"(翰林官)职清务简,优游自如,世谓之'玉堂仙'。"然而,与别人优游于翰林院、纵情于文章典故不同,身在清要之地的张居正,忧心的却是国事。他在《翰林院读书说》中回忆自己做庶吉士的生活,认为庶吉士的读书学习就应该"敦本务实","以眇眇之身,任天下之重,预养其所有为","学不究乎性命不可以言学,道不兼乎经济不可以利用",学问不单单要深究万物之理,而且要关注当世,经世致用。他对嘉靖中后期及隆庆时期以来的政局十分失望,后来他曾追忆道:"当嘉靖中年,商贾在位,货财上流,百姓嗷嗷,莫必其命。比时景象,曾有异于汉、唐之末世乎?""窃见嘉隆以来,纪纲颓坠,法度陵夷,骎骎宋、元之弊辙。"

看到了时弊,不只是议论,更关键的是要寻求对症治疗的好方法。治国之法，当然不是玄空冥思可得，而是要对当时的制度下一番苦功去做了解与分析。明人周圣楷在其《楚宝·张居正传》中写道："（张居正）性严敏决，博闻强识，尤练习本朝故实。"清人谷应泰《明史纪事本末》也记载："居正性深沈机警，多智数。为史官时，尝潜求国家典故及时务之切要者剖晰之，遇人多所咨询。"所谓"为史官时"，即是指其在翰林院时。明代制度，以翰林院的修撰、编修、检讨等为专职史官。

最有说服力的记录，无疑是同科进士并且同时选入翰林院学习的王士贞的观察。作为明代最优秀的史学家之一，王世贞在为张居正所作传记中描述了一个截然不同于常人的青年形象："诸进士多谈诗，为古文，以西京、开元相砥砺，而居正独夷然不屑也，与人多默默潜求国家典故与政务之要切者。"别的新科进士们，都在钻研如何把文章写好，追慕汉唐文学，而张居正则不屑于把所有的精力耗在文字上，而是跟人们多方寻求与国家典章制度、政务相关的知识与学问。他这种追求经世之学的精神，在之后多年的翰林院岁月中一直维持着。

据说，张居正"官翰苑时，即志期公辅，四方輶轩奉使归者，必往为造，请辙迹所至、户口扼塞、山川形势、地利平险、人民强弱，一一札而记之"，很留意时事。晚明的王思任在写给内阁大学士周延儒的信中也说道："昔江陵为翰编时，逢盐使、关使、屯马使、各按差（察）使还朝，即携一壶一榼，强投夜教，密询利害厄塞、因革损益、贪廉通阻之故，归寓篝灯细记，留心如此。"为了学习治理国家的知识，张居正常常带着酒食拜访从外地回京的官员们，求教各地险要形势等情况，回去后再把听来的知识详细地记录下来。这样的求知精神在晚明官僚群体中是罕见的。

嘉靖二十八年（1549），翰林院庶吉士的学习结束，散馆授职。二十五岁的张居正被授为翰林院编修。不久，张居正开始发表自己对时政的见解，向嘉靖皇帝上了一道《论时政疏》。在奏疏中，他认为当时的国家出现了五个大弊病，分别是宗室骄恣、庶官瘝旷、吏治因循、边备未修、财用大匮。宗室骄恣，指有些宗室子弟迎合皇帝信仰道教的爱好，竞相追逐真人的封号，招集亡命之徒，奸贪淫

张居正常常带着酒食拜访从外地回京的官员们,求教各地险要形势等情况,回去后再把听来的知识详细地记录下来。

虐，朘刻小民；庶官瘝旷是指国家平时对人才并未蓄意培养，常常轻易地因为小问题就将其逐去，等到缺人时又只好迁就于资历，进用一些可能比所逐者还差的人，如此一来，当今朝廷虽然不能说完全无人，但民间不乏有异才却得不到任用的人；吏治因循，则指当时官场上虽然考核的制度仍在，但考课不严，名实不核，多流于形式；边备未修，则指当时蒙古各部经常入境宣府、大同一带，甚至深入内地，而边臣无能，无法将其拒之塞外；财用大匮，则指出当时国家的开支，较明初相比增长了数十倍，而财赋基本上只依赖东南之地，因此屡屡出现入不敷出的情况。张居正最后说，这五种臃肿痿痹的疾病很严重，问题的根源却出在君臣之间的隔绝不通上，如果皇帝能够"通上下之志，广开献纳之门，亲近辅弼之佐"，使"君臣之际，晓然无所关格"，就会像一个人的血气通畅了，所有前述的臃肿痿痹之病就会自然消解。《论时政疏》中可以见到张居正的政治智慧：他敏锐地看到了国家的弊病，但却很谨慎地不将指责的矛头对准任何人，既不对准皇帝，也不对准任何一位权臣，有的只是冷静而具体的分析，却不会有情绪化的激情。然而，翰林院编修只是一个正七品的小官，所发的议论并不能引起皇帝的重视。《论时政疏》上呈后，如泥牛入海般，没有了下文。

此时的政治发展越来越超出张居正的想象。朝廷上贪污风行，严嵩、夏言之间的政治斗争越来越剧烈。上疏得不到回应，张居正仍然不懈地与友人们就当前形势发表各种议论，希望能激起一众人等努力撑持。他写信给同年进士刘应节，感慨当时东南一带正被倭寇蹂躏："今天下之势，莫亟于东南，海波未靖，内奸伺隙。"在写给友人巡抚王诰的信中，他感慨边事之坏："近来疆场之臣，大抵选懦观望，饰虚言，张首房，为旦夕计，非有长虑却顾、为地方至计也，因仍成风，边事大坏。"

政事既然无从插手，不妨转而内求心性之安。在这段时间里，他一度受江右王门学者聂豹之学的影响。聂豹（1487—1563），字文蔚，号双江，江西永丰县人，正德十二年（1517）进士，在任华亭知县时曾影响过徐阶，后来官至兵部尚书。聂豹是明代著名思想家王阳明的信徒，因为是江西人，被后人归入江右王门之中。聂豹当时提倡"归寂"之说。这一思想对当时的张居正产生过一定的影响。张居正在《启聂司马双江》的书信中谈到自己对归寂说的看法:"夫虚者,道之所居也。涵养于不睹不闻,所以致此虚也。心虚则寂,感而遂通。故明镜不惮于屡照,其体寂也。虚谷不疲于传响,其中豁也。今不于其居无事者求之,而欲事事物物求其当然之则,愈劳愈敝也矣。"张居正发展了王阳明心学反对朱熹于事事物物致其理的思想,认为最好的认知是反求诸己,归于不睹不闻的虚寂,而这正是"致良知"的"致"所应下工夫的地方。在张居正一生文字中,这种对性理思想的直接表露并不多。《启聂司马双江》或许反映了不及三十岁的他在翰林院无法实现抱负时对另外一种人生体验的探索,而这种探索也合乎他当时的心境。

此时的张居正,对政治深为失望。他决定回乡养病,正好可以侍奉日渐年迈的父母。在决定归乡养病之前,他写信给他的老师、时任内阁大学士的徐阶,指出当时的政治与社会有三个重要的弊端:其一,皇帝与大臣之间缺乏沟通,而大臣们在畏忌之情下，严重缺乏担当。他说："近年以来，主、臣之情日隔。朝廷大政，有古匹夫可高论于天子之前者，而今之宰相，不敢出一言。何则？顾忌之情胜也。"其二，整个社会损下益上，贫富分化严重，"内外用竭，习尚侈靡，贫者裋褐不完，而在位者或婢妾衣纨绮，百姓藜藿不饱，而在位者或厮养厌粱肉"。其三，士气颓靡，廉耻道丧。但是，这种情况并没有因为徐阶的入阁而改变，这或许也是张居正失望的一个重要原因吧。作为一位翰林院的普通官员，他的报国之心是热烫的。他向徐阶进言：您入阁已经两年了，"中间渊谋默运，固非谫识可窥，然纲纪风俗、宏谟巨典，犹未见使天下改观而易听者，相公岂欲委顺以俟时乎"？最后一句说对了。当时的徐阶，在忮刻的严嵩之下，确实不敢也不能有重大作为，他只能委顺以俟时，等待机会。对此时的张居正来说，严嵩还是他尚不可触及的人物。

归乡岁月

嘉靖三十三年（1554），三十岁的张居正回到家乡荆州府江陵县。乡居岁月里，他刻意地保持安静，避免卷入世俗的纷争之中。在他的脑海中回旋的想法是，一个人既然不能在殿廷上侍奉君王，如果借病归乡，反而在乡里"驰逐城府，与宾客过从"，不仅不适宜，而且恰恰增加他的不忠之罪。因此，归乡养病时，最好的处世方式是谢客隐居。他谢绝了几乎全部的宾客故旧，在小湖山自家的田垄中辟地数亩，植竹种树，建了几间简易的房子，偃息于其中。竹还是他一直以来的朋友，"孤篠植汶阳，篝笼挺阴崖。何似侣幽人？结根烟水湄。修枝拂杳霭，接叶映涟漪"，水边崖下的修竹，营造的是一种低沉的意境，唯独修枝伸展着指向云端的方向，层层叠叠的竹叶映照着水中的涟漪，于一种苦境之中滋养出几分淡然。他还养了一只清瘦的鹤，与鹤作伴，把自己弄得俨然是个独居的隐士。

闲暇的时候，他在田埂间行走，夹杂在农夫之中，看土壤干湿，看云起云落，揣度雨水何时会来临，感受岁时之丰歉。在这种过程中，他虽然不用承受农人的辛苦，但却可以亲近农田，"时得甘脆以养父母"，在不安中稍稍能得到一丝慰藉。他为农田间的院落取名为"学农园"，并且感叹道："农，生民之本也。周家用稼穑兴王业，即治天下国家，固亦籴力本节用，抑浮重谷，而后化可兴也。"

或许可以称他为一个重农主义者，但张居正并不反对商业。相反，在归乡这段时间里，他恰巧也看到了商业对农业乃至整个社会经济生活的作用。他出生的地方是荆州府的沙市，工部在此设关征收商税。生于斯养于斯的张居正，对商业有一定的同情与理解。他说："古之为国者，使商通有无，农力本穑。商不得通有无以利农，则农病；农不得力本稿以资商,则商病。故商农之势,常若权衡。"治国者处农、商之间,两者都应该兼顾,一方面"欲物力不屈,则莫若省征发,以厚农而资商",另一方面"欲民用不困,则莫若轻关市,以厚商而利农"。

回到家乡荆州的张居正是放松的。然而轻松之中也有所不甘心。他的诗文中,于孤寂中透露出一些倔强的声音。他的《七贤咏》大概是在这时写下的。在《七贤咏序》中,他这么写道:"余读《晋史·七贤传》,慨然想见其为人,常叹以为微妙之士,贵乎自我,履素之轨,无取同涂,故有谤谇盈于一世而独行者,不以为悔,沈机晦于千载而孤尚者,不以为闷。"这段序文说明,张居正所仰慕竹林七贤的是那种不顾世间毁誉而极具自我、特立独行的境界。"无取同涂",表明张居正不愿意做一个世俗的、没有原则的人。他羡慕竹林七贤的,不是他们的遁世不闻,而是他们如空谷幽兰那样的风节:"夫幽兰之生空谷,非历遐绝景者,莫得而采之,而幽兰不以无采而减其臭。"

他有时会登上故乡城墙上的仲宣楼,极目远

处，长江滚滚而来，油然生出一种旷达的情怀。不过，《登仲宣楼》中"望随云共没，心与日俱悬"的诗句，明显反映出他矛盾的心情，一方面是在政治上的失意，一方面是内心的不甘。这段时间的生活，对他来说是身心上的休养，也是思想上的整理。他的儿子张敬修记载，张居正那段时间"终日闭关不启，人无所得望见，唯令童子数人，事洒扫、煮茶、洗药，有时读书，或栖神胎息，内视返观"。当然，他也绝不是完全闭关隐居。幼时的玩伴朱宪㸅，如今已是辽王之尊，往来是不可以拒绝的。张居正自言，"以病谢归，僻在林里，谈艺之侣，屡绝于户"，唯一往来比较多的人是辽王朱宪㸅。当然，闲暇时，还曾与友人李幼滋等远游，到达约千里之外的衡山。

但是，张居正不会做一位隐士。他的儿子张懋修在幼时作对，教书先生出上联说"书生宜立志"，张懋修对"隐士绝无才"，先生没有生气，只是改"无"为"多"，一座大笑。多少年后，张懋修中进士，张居正还在信中跟故友叙及此事，说故友如果隐居而不建功立业，可就要为儿辈所笑了。

张居正有时会登上故乡城墙上的仲宣楼,极目远处,长江滚滚而来,油然生出一种旷达的情怀。

可见,"隐士绝无才"五字,在张居正看来可谓妙语,道尽当时一些隐士做作的样子。张居正不会隐居,他只是暂时地隐忍和休养。即便是在抚平内心波澜的乡居生活之中,他仍仰慕汉代汲黯的气节,也仰慕西汉张良、唐代李泌的勋业。张懋修说他父亲"居常慕子房(张良)、邺侯(李泌)……风节稜稜,似汲长孺(汲黯)"。因此,张居正终究不能忘世。经过一段时间的休养之后,张居正重新打点起精神,开始发愤读书,回归到对经世致用的关注上来。其子张敬修所编《太师张文忠公行实》中记载,在张居正养病一些时日之后,"神气日益壮,遂下帷,益博极载籍,贯穿百氏,究心当世之务"。

乡居时,他仍留意地方利弊。荆州府是他的故乡,他对故土的情谊,也就体现在他对这一方水土风俗利弊的观察之中。他发现在纷繁变化的时代大背景下,荆州如今不像往日那样是一块净土,而是隐藏着明代社会较深的社会矛盾。宗室问题毫无疑问是明代中叶以后的大问题。从朱元璋开国时期,到嘉靖八年(1529),朱姓宗室人数达到八千二百多人。这个数字还会不断地增长,到隆庆五年（1571）,四十多年间人数又增长到三倍多,达到两万八千九百余人。荆州是辽王的分封之地,自然宗室众多,有十个郡王府、二十六个仪宾府,都要靠着国家财政供养。

张居正看到了宗室对社会经济带来的隐患。他认为当时宗室岁禄给经济带来了巨大的负担。他说:"宗室岁禄,仰给有司。异时诸宗中有号为贫者数十百人,日入公府,喧呼横索。欲尽应所求,则民力不给;即不应,辄喧呼丑诋。"这些宗室子弟,成为社会上蛮横霸道的寄生阶层,他们不事生产,完全仰赖于国家的供养,而且凭借其宗室的身份胡作非为,与地方恶势力结合,进而又败坏社会风气,"俗日以偷,政日益坏"。张居正说,当地的风俗,"一变而为宗藩繁盛,觟权挠正法","再变而田赋不均,贫民失业,民苦于兼并","又变而侨户杂居,狡伪权诡,俗坏于偷靡"。虽然是寥寥数字,但是对当时作为交通要冲的荆州的社会经济状况却作了深刻的刻画。

张居正的心中,始终萦怀的是国家大事。荆州知府袁祖庚要入京觐见,张居正在送他的序文中对当时地方官的升迁惯例发表了一通意见。张居正指出,当时知府、知县等地方官的升迁,很少考虑他们所治理的地域是难治还是易治,事务是繁还是简,而一概按资历来升迁。像荆州这样土地面积在整个湖广地区都算最大的府的知府,按照资格,通常是升一级,变成一省按察使司的按察副使。再有能力的官员,也不得超越常格。相反,那些优游于简僻之地的官员,即使没有特别的才能,通过积攒资历,"积日累岁",也很容易得到同样的升迁。如此则"劳逸无等",又如何能激励人心呢?

裕王府讲官

嘉靖三十九年（1560），张居正回到北京，继续在翰林院任编修。三十多岁的张居正，开始感觉自己正在衰老。他在次年给人写的一篇寿序中形容自己"多病早衰，平居气不充形，临事力不副意"，还说道："昔人所谓已成老翁，但未白头耳。"不过，或许我们也可以将张居正未老先衰的感叹理解为他已抛去初至翰林院时的意气风发，而在政治上更趋于成熟了。

除了还保持着与徐阶良好的私人关系外，这一时期张居正也与严嵩有所往来。张居正的诗文中留有一些为严嵩祝寿的诗，虽然只限于一般的应酬，但这在某种程度上算是政治成熟的表现。同时代的王世贞说张居正"沈深有城府,莫能测也",这是大实话。我们不能认为张居正的行为是在攀附严嵩。其实,张居正对严嵩的人品一直有清醒的认识。早在嘉靖三十二年(1553),张居正任会试同考官,所录取的新科进士中有人吹嘘自己能出入严府,并且很得严嵩喜欢,张居正当着众人的面斥责那人道:"亟去,毋辱吾门。"显然,张居正视这种攀附权贵之举为耻。所幸没有人将这件事私底下汇报给严嵩,于是张居正在严嵩眼里依然是一个举止从容、不卑不亢的官员,而不是政敌。在严嵩当政的后期,徐阶开始在政治上有更多的话语权,张居正的官职也开始稳定地上升。

嘉靖三十九年(1560)五月,三十六岁的张居正升任右春坊右中允,管国子监司业事。右春坊是明代詹事府之下的左、右春坊之一。詹事府的官员,名义上都是东宫太子的属官,然而实际上在明代中后期不过是翰林院官员迁转的一个通道而已。因此,詹事府下右春坊的右中允,其实并没有多少实际的职责,而管国子监司业事算是额外派给张居正的任务。国子监是明代的最高教育机构,也算是明代的最高学府。在国子监中学习的生员,要么是各府州县学上贡的生员,要么是举人下第之后入国子监学习的举子,汇聚了全国较为优秀的青年才俊。掌管国子监事务的主官是国子监祭酒,而司业是协助祭酒进行教育的人。

按理说,到了国子监,张居正应该会开启与年轻学子之间更多的互动与交流,成为一个著名的学术思想界人物。张居正的朋友们大概也是这样想的。他的一个友人,黄安耿定向,带着著名的讲学者何心隐来见他,希望彼此间可以交流,探讨学术。何心隐本名梁汝元,是江西永丰人,早年曾经是一名县学生员,后因组织乡人反抗地方政府的压迫而被追缉,于是改头换面,四处以讲学为业,在正统的士大夫看来,只是一个游侠式的人物。

何心隐与张居正的见面是一次极不愉快的会晤。何心隐唐突地问张居正:"公居大学,知大学之道吗?""公居大学",是指张居正身为明代最高学府国子监的司业,"大学之道"则是相对于小学(初等教育学校)所教导的洒扫、应对、进退之节而言,指国家最高学府中所应指导的"大艺"、"大节"等较高层次的学问。面对这样突兀而略显不礼貌的问题,张居正没有去正式回应,双眼却紧紧盯住何心隐,冷冷地说道:"你时时想飞,只是飞不起来而已。"一场原本目的在探讨学问的聚会,被弄成了两位性格特异的人物的心理较量。据说,何心隐出来后,失魂落魄,对友人说道:"此人必当国,当国必杀我。"当然,后来有人说,何心隐只不过是故出惊人之语来突出自己的江湖地位而已。

显而易见,这样的会面反映了张居正对学术交际的冷淡。他不想成为一个学术上的专业人才,他的目标是在经世致用,在治国安民。他的心思也始终在政局的变化上。就在之后不久,他在写给时在宁夏任巡按御史的耿定向的信中说:"长安棋局屡变,江南羽檄旁午,京师十里之外,大盗十百为群,贪风不止,民怨日深。"

张居正的命运中又一个重大的转折点发生在嘉靖四十三年(1564)七月,当时他被委任为右春坊右谕德,前往裕王朱载垕的府邸充任讲官。嘉靖皇帝总共有八个儿子,但长大成人的只有次子、三子和四子。次子朱载壑于嘉靖十八年(1539)被封为太子,却在嘉靖二十九年(1550)不幸病死了。裕王朱载坖是嘉靖皇帝朱厚熜的第三子。由于朱厚熜前两位儿子都已夭折,裕王朱载坖是第一顺位的皇位继承人,理应被立为太子。只是,嘉靖帝亲情冷淡,又迷信道士陶仲文的"二龙不相见"之说,不立太子,也不与他的儿子见面,裕王被立为太子的事便搁置下来了。

尤其容易引起人们猜疑的是,嘉靖帝对存活下来的两个儿子,始终不加分别地予以相同的礼仪:嘉靖十八年(1539)二月初一日,裕王和景王同日封王;嘉靖三十一年(1552)同日行冠礼,同日出阁讲读;甚至,裕王府和景王府建造的规格也完全相同。唯独在王府讲官的选择上,皇帝的态度似乎有细小的差别。嘉靖三十一年(1552)八月,皇帝任命翰林院编修高拱和翰林检讨陈以勤充裕王讲读官,任命翰林院检讨林燫为景王讲读官。翰林院编修为正七品,而一般王府的讲官只用从七品的翰林院检讨。因此,人们从裕王府和景王府讲官的品秩差别中感觉到嘉靖帝虽然因迷信而不立太子,内心却默有所定,也说明他在皇位继承上无意挑战"立嫡立长"的成规。裕王府的讲官群体，从早期的高拱、陈以勤，到后来的殷士儋、张居正，先后进入嘉靖朝后期和隆庆年间内阁，极大地影响了嘉隆之际的政局。

张居正在裕王府得到极大的认可，裕王"甚敬礼之"。张居正"仪容峻整"，尽心尽力做他的讲官，"每进讲，必引经执义，广譬曲谕，词极剀切"，不仅裕王感到他很不错，听讲时眼睛总是专注地看着张居正，就是裕王府里的宦官们也跟张居正交情颇好。有的宦官还主动向张居正请教学问，谈论天下大事。

作为裕王府讲官，除了讲四书五经等儒家经典外，张居正还抓住一切机会把历史的经验与教训讲给这位未来的皇帝听。例如，他讲汉光武帝杀韩歆的故事，对裕王说："韩歆是东汉光武帝刘秀的臣子，跟随光武帝开国，封扶阳侯，官至司徒，却因为劝光武帝不要读那些割据覆亡的统治者隗嚣、公孙述的书，被光武帝贬谪回老家，而光武帝怒气还未平息，再派人追着去申斥，最后吓得韩歆父子自缢而死。像光武帝这么优秀的开国贤君，还不免听不进别人的不同意见，可见从谏如流是多么地难以做到啊！"裕王朱载垕听了，很受启发。张居正离开裕王府后，朱载垕叫侍候的宦官们铺纸磨墨，自己握笔濡毫，写了"文武献纳"四个字，悬挂在书案之侧，时刻提醒自己。

嘉靖四十五年（1566），张居正回到翰林院，荣升为翰林院侍读学士，署掌翰林院事。他将因曾经担任裕王府讲官的经历而很快获得回报。隆庆一朝的内阁大学士中，有近半人数出自裕王府邸。嘉靖末年裕王府的讲官群体，除了嘉靖四十年（1561）入讲裕王府的唐汝楫因依附严嵩而在次年被罢官外，高拱、陈以勤、殷士儋、张居正等人后来都入阁为大学士。

徐阶的赏识

　　嘉靖四十五年（1566）冬天，享国四十五年的嘉靖皇帝在北京西苑病笃。内阁首辅大学士徐阶开始着手为皇帝筹备后事。十二月十四日，嘉靖皇帝被众人从西苑抬到紫禁城之内的乾清宫中，午时龙驭宾天。正常情形下，皇帝驾崩，向来留有遗诏，但遗诏往往未必真的就是即将死亡的皇帝亲拟的遗言，而是身边的人代其起草的。在这样一个承先启后的时间段里，身负重望的大臣常常能趁机把前朝的一些弊政，用遗诏的名义进行总清算。例如，正德皇帝在正德十六年（1521）驾崩，内阁首辅大学士杨廷和就在太后的支持下，通过遗诏命令入卫边军从京城返回边镇，放还"各处取来妇女"，停止

"营建大工"之外的各处工程。所有这些条款虽然都是写在正德皇帝的遗诏之中,但其实却是杨廷和的主意。

入阁已十五年的徐阶,政事纯熟,对时弊的认识也很深刻,正好可以借此机会一展拳脚。他在嘉靖皇帝去世前连夜提取了先朝各位皇帝的遗诏参阅,准备拟写遗诏。他不敢轻易把这件事情透露给别人,原因大概有两点:一是皇帝哪怕还有一口气在,就不能提遗诏的事;二则在于皇帝是国家政治的根本,牵一发而动全身,一旦消息泄露,可能会引起政局动荡,而且自己也无法掌握政治上的主动权。因此,事先拟写遗诏草稿的事情,知道的人越少越好。王世贞记载:"(徐阶)夜饮泣,具遗诏草,恐泄之,不敢以语同列。"

在这个可以充分地展现政治智慧、实现政治意图的拨乱反正之际,徐阶没有去找同在内阁的其他大学士,而是找到自己的门生张居正商议遗诏拟稿的细节。《明史》载:"(徐)阶代嵩首辅,倾心委居正。世宗崩,阶草遗诏,引与共谋。"嘉靖皇帝治国时间较长,达四十五年。也正由于四十多年没有举行过皇帝的丧事，懂得这些礼仪的人并不多。张居正熟悉朝章典故，正是大变故时期所特别需要的人才。就这样，六十四岁的徐阶和四十二岁的张居正在一个微妙的时期共同决定了大明朝的政治走向。徐阶甩开了其他内阁成员，包括一直与他配合默契、恭静简默的大学士李春芳，以及与他略有嫌隙的大学士郭朴、高拱，而与过了不惑之年的张居正商议。这充分地体现了徐阶对张居正的看重。

嘉靖末年徐阶、张居正起草的遗诏，顺应民心，纠正时弊，起到了很好的效果。《明史·徐阶传》中说："（徐）阶草遗诏，凡斋醮、土木、珠宝、织作悉罢，大礼、大狱、言事得罪诸臣悉牵复之。诏下，朝野号恸感激。"徐阶通过一道遗诏，废黜了宫中行之已久的道教斋醮活动，停止了之前大兴土木营建宫殿、向民间征集珠宝以及在苏州和杭州等地织造的活动，民众因此得到休息，而因大礼议、李福达狱以及上疏言事而被罢斥或下狱的官员，也都得到赦免与复职，一时风气丕变，人们感激流涕。显然，这是一个典型的拨乱反正的伟大举措。

在特殊复杂的困难情势下，徐阶显示出自己杰出的政治才干。张居正能在多大程度上影响到遗诏的内容？似乎并不太明显。遗诏所要处理的事情，都是嘉靖末年很具体的问题，即道教斋醮活动、土木工程以及珠宝与丝织品采办等，但对今后政治转轨的走向则表述得十分模糊。张居正的政治抱负，应该还远不止于这些具体事务的拨乱反正。他在二十五岁时所作的《论时政疏》所提出的朝廷五大弊病——宗室骄恣、庶官瘝旷、吏治因循、边备未修、财用大匮，都是根本性的大病痛，并没有在这样的一道诏书中得到解决。但是，参预草拟遗诏对张居正而言是一个重大的转折。它至少在心理层面上给了张居正强烈的暗示：是时候要走向政治的前台了。

徐阶的信任，让张居正感佩终身。多年以后，他在写给徐阶的信中还说："丙寅（1566年）之事，老师手扶日月，照临寰宇，沉几密谋，相与图议于帷幄者，不肖一人而已。既而获被末光，滥蒙援拔。不肖亦自以为不世之遇，日夜思所以报主恩，酬知己者。"对张居正来说，徐阶既是知己，也是伯乐,而对徐阶来说,让张居正参与拟写遗诏以及次年援引张居正入阁,实际上是为自己身后留下了一个政治继承人。这种托付之意,不仅徐阶、张居正二人均心领神会,跟他俩熟悉的朋友耿定向也看得清清楚楚。隆庆元年(1567),耿定向就在写给徐阶的信中说:"某尝念门下士无虑千数,乃阁下独属意江陵张君,重相托付,诚为天下得人矣!"

因此,张居正对徐阶,始终感怀知遇之恩。在徐阶致仕之后,张居正写给徐阶的书信,就有三十一封之多,还不包括另外为徐阶的事写给徐府诸公子及当地官员的信。徐阶的七十岁和八十岁大寿,张居正都亲撰寿序以表祝贺。

徐阶年满八十之际,身居高位的张居正给万历皇帝上了一道奏疏,略述徐阶在嘉靖朝末年和隆庆年间的功绩:其一是在严嵩专权乱政之后,徐阶接任首辅,拨乱反正,澄浊为清,扶植公论,奖引才贤,使得一时朝政修明,海宇称治;其二是徐阶在嘉靖朝后期为争取时为裕王的隆庆皇帝的皇位继承人位置立下了重要的功劳。张居正说,当时嘉靖皇帝对裕王朱载垕生疑，命内阁翻检明初明成祖与明仁宗之间的故事，而成祖与仁宗父子之间屡有猜疑。徐阶却对嘉靖皇帝从容进言，予以宽解，解除了皇帝对裕王的怀疑。张居正并且还说，徐阶暗中翼护裕王之举，从来没有跟别人说过，只有他张居正一人知道。张居正翻出老师徐阶的功绩，无非是向朝廷表明徐阶品德之高尚以及其对万历皇帝父子的拥戴之功。疏上，万历皇帝欣然遣官前去松江府华亭县对徐阶加以慰问，厚加赏赐。

隆庆初的内阁岁月

嘉靖皇帝一死，隆庆皇帝朱载垕即位。一朝天子一朝臣，裕王府的讲官张居正、陈以勤很快就入阁了。当然，在这一过程中，张居正的恩师徐阶、好友高拱都是内阁大学士，自然提供了不少的助力。因此，隆庆初年的张居正，是朝野瞩目的一颗政治新星。隆庆元年（1567）正月，张居正由从五品的翰林院侍讲学士升任正三品的礼部右侍郎。二月初九日，张居正转任吏部左侍郎兼东阁大学士，入阁办事。到四月，张居正升任正二品礼部尚书兼武英殿大学士。由从五品升到正二品，并入阁，在短短四个月内完成。

昔日的裕王府讲官张居正，成了内阁大学士。

内阁大学士，从官制上而言只是正五品的官，但却因为为皇帝票拟而处于实际上的辅政地位，所以往往需要升为正二品的尚书、正三品的侍郎等官才可能入阁，而一旦在阁中的时间久长后，皇帝又往往为他们加上太子少保、太子太保、少保之类的职衔，官阶继续上升。内阁实则从十五世纪以来就成为朝廷决策的中枢了，而他们在朝中的班次也都排在六部尚书之上。熟悉朝章典故的张居正对此自然心知肚明。既然入阁成为大学士，就应该有内阁大学士的尊严与作为。当时的内阁大学士中，张居正最年轻，但却最注重维护内阁大学士的体面与尊严，与朝中大臣交际保持着相对倨傲的态度，不轻易与他们混同。张居正曾深刻地反思内阁大学士之职的重要性："阁臣之职，上以辅养君德，赞理万几，下以表率百僚，兼综庶务，一有不称，则化机为之壅塞，庶事为之隳坠，其为害岂特一肢之病而已哉！"意思是说，阁臣上辅君主治理政事，下为群臣的表率，如果不称职的话，国家的政务运行就会壅塞，政事得不到很好的处理，就像一个人得了臃肿痿痹之病，会全身不适，而不只是一条胳膊一条腿害病。如此，内阁大学士自然不应该混同于一般的行政官员了。

隆庆皇帝朱载垕本人是一个沉迷于声色并且以懒著称的人，但也有他的好处。他不像他父亲那样敏感，性格相对宽和，乐于"垂拱而治"，能够信任内阁大学士们，放手让他们做事。即位以后，朱载垕虽然每天按时上朝，但似乎更多地只为履行某种仪式，而不愿过问朝政。皇帝的缄默，反而让大臣们有足够的空间来施展抱负。因此，隆庆年间的内阁之中，人才济济。徐阶、高拱和张居正，都可以说是明代相业突出的杰出人物，而赵贞吉、李春芳等人亦都是学问、事功不落人后的人物。人才扎堆，都不甘居于人下；皇帝清静无为，又大有施展舞台，所以这段时间内阁里的斗争就特别剧烈。明史学者韦庆远先生说，隆庆年间的内阁是混斗的内阁：前期是高拱与徐阶的政争，后期是赵贞吉与高拱的政争。

高拱（1513—1578），字肃卿，号中玄，河南新郑人，嘉靖二十年（1541）进士，比张居正大十二岁，比徐阶小十岁。高拱进入内阁的基础，是他早在嘉靖三十一年（1552）就出任裕王府的讲官，在裕邸九年，与隆庆皇帝朱载垕有深厚的感情。

徐阶人称"四面观音"，当然不会看不透形势，也不会看不到高拱的政治潜力。实际上，高拱在嘉靖四十五年（1566）入阁为文渊阁大学士，是得到过徐阶的举荐。徐阶最初"甚亲（高）拱"。但是，高拱的性格缺点在于外露、急迫、恩怨分明，不能濡忍，以"骤贵，负气颇忤（徐）阶"。两人之间的矛盾在嘉靖末年已经产生。嘉靖皇帝遗诏的草拟，徐阶只同张居正商议，而不与内阁大学士郭朴、高拱等人商议，也使得郭、高二人对徐阶"独柄国"产生了极大的怨恨。隆庆初年，双方矛盾进一步加剧。徐阶在嘉靖末年通过遗诏起用了大批之前在嘉靖朝得罪的官员，而这批人则多被安排在御史、给事中这样的"言路"之上，《明史·徐阶传》说："给事、御史多起废籍，恃阶而强。"因此，当郭朴、高拱借吏科给事中胡应嘉在考察中的失误将其逐去时，言官们对高拱群起而攻之。给事中欧阳一敬甚至攻击高拱"奸险横恶，无异蔡京",将其比为北宋末年的奸臣蔡京。虽然隆庆帝朱载垕留恋故人,命高拱仍然安心供职,但身处风暴旋涡中的高拱自知不能久留,遂于隆庆元年(1567)五月告病引退。九月,郭朴致仕,徐阶获得了斗争的胜利。

张居正在这场风波中终归是一种中立的态度,既没有得罪老师徐阶,也没有得罪朋友高拱,额外的收获则是对言官的嚣张留下了一个不可磨灭的印象。他在写给朋友的信中说,隆庆初年的士习人情"渐落宋人窠臼",因党争而肆无忌惮地议论和攻击,而议论横生带来的后果则是行政执行力的下降。

高拱走了,张居正继续升迁。隆庆二年(1568)正月,朝廷为张居正加衔,加少保,兼太子太保。少保是从一品。由从五品的翰林侍讲学士,到从一品的少保兼太子少保,时间仅一年多,《明史》称"去学士五品仅岁余",可谓青云直上。隆庆二年(1568)七月,徐阶也致仕回到了松江老家。此后李春芳任首辅,可能是张居正感到相对轻松的时期。夹处在徐阶、高拱、张居正之间的李春芳，绝非庸碌之辈，在襄助徐阶的过程中也做出过相当的贡献。张居正在写给友人的信中说："李石翁（李春芳）宽和沈静，斡握机衡，仆亦竭其驽钝，以共相疏附。《诗》所谓'伯氏吹埙，仲氏吹篪'者，或庶几焉。"彼此扶持，有的是相知的宽容和快乐。他在后来写给李春芳的信中还说："弟平生孤孑寡与，独受知于门下，及同居政府，一心协德，庶几有丙、魏同心之谊，中外士民亦靡不欢悦和合，各适其意，不啻坐春风而饮醇醪也。"他还感慨如今两人分离："昔为比目鱼，今作分飞鸟，人生聚散离合，可胜叹哉！"有的史料记载说张居正视李春芳"蔑如也"，轻视李春芳，或许只是偏见。

在这一相对轻松缓和的内阁环境中，张居正开始系统地思考治理国家的方案。隆庆二年（1568）八月，张居正向皇帝进呈了全面改革的政纲性奏章——《陈六事疏》。六事包括六个方面，分别是省议论、振纪纲、重诏令、核名实、固邦本、饬武备。所谓省议论，是因为张居正发现朝廷中"议论太多，或一事而甲可乙否"，政事纷更无常，"事无统纪"，实则世间之事既不可能完全有利无害，也不可能完全有害无利，需要人们在利害之间权衡，一旦计虑已定，就果断推行，即便受到阻力也不动摇。所谓振纪纲，就是要改变以往"法度不行，上下务为姑息，百事悉从委徇"的局面，而皇帝"张法纪以肃群工，揽权纲而贞百度"，刑赏号令，一归于公；后来，张居正曾清楚地表示"国家欲兴起事功，非有重赏必罚，终不可振"，就是振纪纲的实质。所谓重诏令，则是要加强朝廷各部门的执行力，在一定时期内对皇帝所下诏旨予以执行，限期奏报。所谓核名实，是朝廷用人要"严考课之法，审名实之归"，升迁之际也要讲求实效，不必格于陋习与惯例。所谓固邦本，是指一方面要增加国家的财赋，另一方面要尽可能减少浪费，使社会财富增加，"家给人足"。所谓饬武备，则包括边镇严加戒备，以及京营精锐士卒设法操练。

可以说，张居正力求富国强兵、重视执行的风格，在《陈六事疏》中展露无遗，其急于用事之情也跃然纸上。但是，对作为次辅的张居正来说，机会显然还没有完全成熟。

由次辅到首辅

隆庆三年（1569）十二月，高拱回来了。再度入阁的高拱，虽然位居李春芳下，但"兼掌吏部事"，不仅有辅政权，还有实际的行政和人事权。隆庆五年（1571）五月，李春芳致仕，高拱代为首辅。同年十一月，先一年入阁的殷士儋因为不能忍受高拱傲慢的性格，也致仕了。隆庆末年的内阁，只剩下高拱和张居正。

张居正却能隐忍下来。他能忍受严嵩，能追随徐阶，能与高拱共事，与历任首辅内阁大学士都能友好地相处。《明史·高拱传》云："拱性直而傲，同官殷士儋辈不能堪，居正独退然下之，拱不之察也。"从年龄上来说，张居正小高拱十二岁，但张居正早在任国子监司业时，便与当时的国子监祭酒高拱结下了很深的友谊，"极友善"，"欢相得，不啻兄弟"。因此，张居正非但没有被高拱视为政治对手，反而成为高拱在政治上的得力助手。从高拱的角度来说，有张居正的协助，自然是有利的，凡事也愿意与张居正商量。后来到隆庆六年（1572），高拱六十岁的时候，张居正在为高拱祝寿的文章中还不忘实事求是地夸赞高拱，说高拱执政的时候"有所可否，不我是非，一准于理"，不是一个完全固执的人。高拱是一个优秀的政治家，也是一个务实的思想家，不喜欢空虚无据的讨论，主张一切应从实际出发，贵实行，办实事。这一点与张居正不谋而合。两位优秀的政治家，将会一齐努力推动隆庆末年政治革新的新局面。

在俺答封贡等重大政治问题上，张居正与高拱都有共同的立场。在高拱主政时，张居正参与促成了明蒙之间的俺答封贡。他在其中斡旋和运筹帷幄的作用，从他与边镇督抚们的书信交流中可以清楚地看到。最早从俺答汗的孙子把汉那吉向明朝投降开始，张居正就对此事予以极大的关注。他写信给宣大总督王崇古，问："昨有人从云中（大同）来，言虏酋有孙率十余骑来降，不知的否？俺答之子见存者，独黄台吉一人耳，其孙岂即黄台吉之子耶？彼何故率尔来降？公何不以闻？若果有此，于边事大有关系，公宜审处之。"在此之后，张居正就俺答汗事与王崇古书信往来十余次，筹划机宜，优待把汉那吉。他坚定地认为，与蒙古部落之间的封贡，会给明朝带来诸多利益：其一，明蒙通贡之后，边境将获得一定程度的安定；其二，防守既然有暇，就可以找机会恢复屯田，蓄养士马，减少边镇对内地粮草的依赖；其三，俺答封贡之后，东面的蒙古诸酋长如吉能、西面的蒙古酋长土蛮不再能借俺答的声势，就不敢轻动；其四，借封贡的机会将内地逃往蒙古地区煽惑作乱的叛人赵全除去，大板升地区（今呼和浩特一带）的农业繁荣的局面就不会再形成，也会削弱了俺答的实力。然而议论未息，负责边务的兵部尚书则错愕惶惑，一筹莫展。不得已之下，张居正在文华殿向隆庆皇帝面奏，请旨以行，又将永乐朝曾经封几位蒙古族的首领为和宁王、太平王、贤义王的典故找来，告知兵部尚书应该如何办理。最终,在高拱、张居正的主持之下,明廷封俺答为顺义王,明蒙边境数十年相对和平的局面就此形成。

张居正深知,战守相依,和平往往是通过更强有力的军事保障才能实现。和议实现之后,他还反复写信给宣大总督王崇古,要求后者较往常"倍加防守",及时修缮城堡,充实军伍,演习火器,在明蒙双方开启互市时要严加防范,以保万无一失。俺答封贡一事,充分展现了张居正通晓兵机、运筹帷幄的政治能力。

然而,高拱一意清算徐阶,引发了张居正的不满。徐阶本人确实是晚明大肆兼并土地的地主的典型,据说在苏松一带占地多达二十四万亩。再度入阁的高拱要追查徐阶的三个儿子鱼肉乡里之罪,派前任松江府知府蔡国熙出任苏松兵备副使,穷治徐府子弟不法之事,"所以扼(徐)阶者无不至",结果徐阶的长子徐璠、次子徐琨充军戍边,少子徐瑛削籍为民,田产没官,门庐焚毁。无奈之下,徐阶甚至主动写信给高拱请求宽释,词极哀婉。张居正则一直怀念徐阶恩情,屡屡向高拱为徐阶说情,或者写信给地方官员要求他们设身处地为徐阶留一些情面。正是因为徐阶，高拱与张居正的关系开始破裂。清初史学家全祖望说，张居正为报徐阶之恩，故"护华亭（即徐阶）者甚至，卒之倾新郑（指高拱）而攘其位"，认为张居正之驱高拱，起因正是为保护徐阶。

当然，除了一些个人的恩怨之外，张居正应该还有自己的政治规划。二十五岁时所上的《论时政疏》，四十四岁时所上的《陈六事疏》，尽管都彰显了张居正的政治洞察力与任事魄力，但哪一份奏疏得到了重视？哪一件政事实现了呢？不在其位，就难以谋其政。宏大的政治抱负，没有首辅大学士的位置终是难以施展。所幸，从次辅到首辅，张居正只剩一步之遥。

隆庆六年（1572）五月，隆庆皇帝驾崩。六月十六日早朝，一道圣旨下颁，将高拱直接罢免，命回籍闲住，不许停留。第二天，高拱便坐着一辆骡车离开了京城。高拱被弃用，背后的推手当然是张居正与宫中司礼监太监冯保，但根源在于高拱性格之急躁、轻言。据说，隆庆皇帝一死，他在内阁中悲痛万分，说道："十岁太子，如何治天下？"正是这句话，触及了两宫太后与小皇帝的忌讳。后来，张居正从一个曾经的密友与同僚的角度看高拱，便坦言高拱"虽不敢蹈欺主之大恶，然实未有事君之小心"，认为高拱虽然不是大奸大恶、敢于欺骗皇上的人，但却不是一个能够谨慎小心地侍奉君主的人。从隆庆帝逝世到高拱被驱逐，高拱和张居正两人之间的关系出现了一些微妙的变化。据张居正自述，隆庆帝逝世后，正"主少国疑"之际，这时的内阁原应和衷共济，但高拱却一切反其道而行，对张居正的忠告非但不接纳，"反致疑怒"，两人之间嫌隙加深。

高拱被逐，张居正终于成为内阁首辅大学士。高拱的时代结束了，张居正的时代真正开启了。从隆庆六年（1572）六月起，到万历十年（1582）六月，整整十年间，张居正牢牢控制着内阁和朝政。

为帝者师

隆庆六年（1572）万历皇帝朱翊钧即位时，年仅十岁，只是一个懵懂的孩子。内阁大学士张居正，四十八岁，成熟稳重，精力充沛。皇帝的生母李太后与嫡母王太后，将国事和小皇帝的教育一并委托给了张居正。数年后的万历四年（1576），张居正在给皇帝的上疏中感慨地说："臣幸以一介庸竖，为帝者师，纡朱拖紫，揖让人主之前。"自万历皇帝即位以后，张居正确实具有内阁辅政之臣以及帝师的双重身份，不但要辅理政事，还要操心皇帝的教育。

知经筵，即主持为皇帝特设的御前讲席——经筵，是内阁大学士的职责。十岁的明神宗在隆庆六年（1572）六月即位。到八月，因为还在守制期，不宜举行大典礼，经筵这样的具有仪式感的儒学教育暂时无法举行。然而，张居正却放心不下，提出：八月先开始日讲。对皇帝的教育而言，经筵重形式，日复一日的日讲才是真正重要的教学。于是，从隆庆八月起，除了三、六、九日视朝之外，其余时间小皇帝就得到文华殿的后殿听儒臣们讲经史诸书。所讲的教材，除了《尚书》等五经之外，还有《通鉴节要》等史书，兼以习练书法。讲官们为皇帝授课的讲义，需要张居正亲自改定。后来他谦虚地说："虽每日趋侍讲筵，改定讲义，亦不过总其大纲，率领诸臣以供事而已。"实则张居正在小皇帝的教育上用心甚勤，除了派讲官讲授之外，还建议每隔一个阶段，便对之前已经讲过的经典再"温讲"一次，帮助皇帝温习旧课，而讲过的讲章，每年都会汇编装潢进呈，以使皇帝收到温故知新之益。

但是，在皇帝的教育上，张居正不免还要思考一个问题：除了儒家经典之外，皇帝个人的圣德应该怎么培养呢？当然应该尽早培养。后来他在给王宗沐的信中谈到编制《帝鉴图说》的动机时就说当时所想的正是要"因事纳诲,早辨防微",尽早利用一些历史上的事例向皇帝进言,让小皇帝尽早地明白善恶之分。然而,在沿习既久的传统经典的讲诵方式之外,有没有一种可以让十岁的小皇帝更容易接受的教材呢,是否可以用图文并茂的方式让教材更容易阅读呢?张居正想,用古代帝王治理国家或者败亡国家的事例来教,也许能使年幼的小皇帝对为君之道有更直观的认识。于是,张居正决意编写这样一本书。他找到讲官马自强,让后者从以往的历史上选择八十一个明君的典型,再找三十六个昏君的典型,配上插图,附以浅显易懂的解说,编成了两册书。进呈的时候,张居正想到唐太宗的话,"以铜为鉴,可正衣冠;以古为鉴,可知兴替",决定这部书的名称就叫"历代帝鉴图说",意思是希望当今的皇帝可以将历代正面的或反面的帝王的事例作为一面镜子,以此来规范自己的言行。图书进呈之后,小皇帝很高兴,称这部图书"于君道甚有裨益",且赏赐张居正银五十两、纻丝四表里。命人编纂《帝鉴图说》,是张居正尽心于皇帝教育之一例。

每逢日讲结束，皇帝会把《帝鉴图说》这本书放在书案，由张居正把这些故事一一讲解给他听。有一次，张居正讲到宋仁宗不喜珠饰之事，神宗说道："贤臣为宝，珠玉何益！"张居正听了此话，因势利导："明君贵五谷而贱珠玉，五谷养人，珠玉饥不可食，寒不可衣。"神宗表示赞同："正是，宫中的妇人们喜好这些珠玉，但我在岁末赏赐时，还是很注意节省的。宫人们还不理解，说：用得爷爷多少？我便回答说：现在库中所积几何？"张居正听了此话，感动得顿首直呼："皇上谈到这个，真是社稷生灵的福气啊。"又有一次，当神宗读到汉文帝劳周亚夫军于细柳营的故事，张居正说道："皇上当留心武备，祖宗以武功定天下，承平日久，武备日弛，不可不及早讲求也。"神宗深表赞同。在这样的过程中，张居正就像一位勤恳的塾师，一点一滴地向皇帝灌输治国的理念。

为了让小皇帝了解创业艰难和祖宗成法，张居正命人将明太祖朱元璋的《皇陵碑》和《御制文集》都录文进呈，又命人将历朝的《宝训》和《实

每逢日讲结束,万历皇帝会把《帝鉴图说》这本书放在书案,由张居正把这些故事一一讲解给他听。

录》逐一检阅，分类纂辑，按四十款汇编，分别是：创业艰难、励精图治、勤学、敬天、法祖、保民、谨祭祀、崇孝敬、端好尚、慎起居、戒游佚、正宫闱、教储贰、睦宗藩、亲贤臣、去奸邪、纳谏、理财、守法、警戒、务实、正纪纲、审官、久任、重守令、驭近习、待外戚、重农、兴教化、明赏罚、信诏令、谨名分、却贡献、慎赏赉、敦节俭、慎刑狱、褒功德、屏异端、饬武备、御夷狄。这些类纂辑录了明代历代皇帝的言行，每次选一至两条，在皇帝日讲时讲解，既培养圣德，也使皇帝得以练习政事。

万历皇帝自小对书法就很感兴趣，写得一手好字，对自己的字写得好也颇为自得，经常写些字赐给大臣们，更是博来一片称颂之声。万历二年（1574）闰十二月的一天，神宗讲读完毕，召张居正到东暖阁，特意写了"弼予一人，永保天命"八个字赐给张居正。次日，张居正就上疏皇帝，委婉地劝告皇帝："帝王之学，当务其大者。"他劝皇帝不要在研习书法上花费太多的精力，还举一些亡国之君如汉成帝知音律，南朝的梁元帝、陈后主等都能文善画为喻，告诉小皇帝这些都是小技，堪为前车之鉴。一个圣君不应该沉迷书法，治国平天下才是最重要的事。万历六年（1578）十二月，张居正旧话重提，并建议来年停止书法课。此后，万历皇帝再也不敢轻易向人炫耀他的书法。

著史的贡献

张居正的史学才能是有目共睹的。嘉靖末年,作为副总裁的张居正在主修《承天大志》上就发挥了重要作用,得到嘉靖帝的激赏。《承天大志》是嘉靖帝为其生父朱祐杬所修,而承天即指朱祐杬分封所居的湖广安陆州,后来由朱厚熜改名为承天府(今湖北钟祥市)。在嘉靖四十四年(1565)之前,《承天大志》的修纂工作一度进展非常慢,历时近三年仍未完成。嘉靖四十四年六月,在徐阶的推荐下,张居正受命出任副总裁。仅仅八个月的时间,张成正便将分为十二纪总共四十卷的《承天大志》顺利修成。

作为内阁首辅大学士,万历年间的张居正也在明代史书纂修上有过重要贡献。贡献之一，便是主持纂修了嘉靖、隆庆两朝的实录。原本上一任皇帝的实录，通常是在下一任皇帝统治期间便已修完，但是隆庆皇帝在位时间太短，未能修完嘉靖一朝四十五年的实录。因此，两朝实录修纂的任务，便都落到张居正的身上。

张居正在纂修实录一事上，充分展现了他的管理才能。他首先总结了之前六年尚不能修完嘉靖一朝实录的经验教训，指出隆庆间实录修纂之时，"任总裁者，恐催督之致怨，一向因循"，而负责纂修的纂修官们"以人众而相挨，竟成废阁"，无人愿意积极投身于其中，互相推诿。现在，两朝实录的纂修馆一齐开始工作，就必得有更严格的管理和推进措施。为此，张居正提出的对应策略是两点：其一，分定专任，由吏部右侍郎兼翰林院侍读学士诸大绶、礼部左侍郎兼翰林院侍读学士王希烈负责润色整理之前成稿的《明世宗实录》，由左春坊左谕德兼翰林院侍读申时行、右春坊右谕德王锡爵专管纂修《明穆宗实录》，专在史馆供事。其二，严立限程，定期完成一定的任务。每月各馆纂修官要编成一年之事，送副总裁，而副总裁必须在月底将纂修官的稿件润饰完成送总裁官。这样一来，一月可以完成一年之事，一季可以完成三年史实的编修。

实录修纂在张居正的布置下推进迅速。张居正在主持的过程中显示出他不拘成套而重实事的性格。他提出，尽管隆庆帝是嘉靖帝的儿子，但统治时间稍短的隆庆皇帝的《明穆宗实录》自然会比统治了四十五年的嘉靖皇帝的《明世宗实录》提前完成。因此，他提议不必等《明世宗实录》编定，而先编定《明穆宗实录》进呈，之后两馆纂修官再合力来编定《明世宗实录》，"则两朝大典，可以次第告成"。在修纂实录的过程中，张居正不只是一个挂名的总裁，而是严谨地对各卷内容实施把关，是一位名副其实的主编。他后来自述："其中编摩草创，虽皆出于诸臣之手，然实无一字不经臣删润，无一事不经臣讨论。"万历五年（1577），五百六十六卷的《明世宗实录》编纂完成，进呈御览。年幼的万历皇帝十分肯定张居正的贡献，对张居正说："皇祖四十五年《实录》，字字句句都是先生费心看改几次，我尽知道。"

在实录的编纂实践中，张居正深切地感觉到实录编纂过度依赖于各衙门保存的章奏，而皇帝本人在其统治期间的言语、行事，反而因为没有多少记录，阙而难存。万历三年（1575），张居正对皇帝说，近来我们修纂世宗、穆宗两个皇帝的实录，"凡所编辑，不过总集诸司章奏，稍加删润"，至于官员们在仗前柱下所耳闻目睹的帝王语录、行事，因为无凭无据，即便有所见闻，也不敢随意增入。

为此，他提出了两项改革：一是仿照前代和明初设起居注官，日侍左右，记录皇帝言行。当然，张居正务实地避免新设一个官职，而是提议起居注官由担任皇帝日讲官的官员兼任，日轮一员，专记皇帝起居，并且记录皇帝的圣谕、诏敕、册文以及内阁题稿等；此外，阁臣也应该将自己与皇帝的交谈中不涉密的事项转述给起居注官记录。这项制度很快就开始推行，当时的日讲官丁士美等人，每日轮一人，记注起居。其二，张居正提议让翰林院官员的史官功能进一步得到恢复，选择翰林院中年纪

年幼的万历皇帝对张居正说:"皇祖四十五年《实录》,字字句句都是先生费心看改几次,我尽知道。"

稍长且文学素优的修撰、编修、检讨等史官六人，例如时任修撰王家屏等人，专门负责将各衙门与政事相关的奏疏及时加以汇辑和编纂，保留档案。张居正还要求史官们说，他们在记录时所应该注意的是不要追求文辞的典雅，而重在记录的"详核"。这项制度实施以来，每月史官编定相关的记录，其中一册为起居注册，另外六册为六部相关章奏，上面记好年月以及相应的史官姓名，放入小柜之中。至岁末，这些资料将会合并放置到一个大柜之中，放在东阁的左、右房内。也正因此，我们今天还能看到明代万历年间的起居注——《万历起居注》。

考成法

万历初年的君臣关系,毫无嫌隙。小皇帝即位后,书法小有进步,不仅给张居正赐书"元辅"、"良臣",万历元年六月还给张居正的宅第赐堂名"纯忠",楼名"捧日",后来又赐"宅揆保衡"大字,以褒奖张居正的忠心。而张居正在获得中枢权力之后,政治上首先要做的就是整顿吏治。整顿吏治的目标,集中体现为十二个字,即"尊主权、课吏职、信赏罚、一号令",即尊重皇帝的权威,要求官吏恪尽职守,赏罚严明,号令统一。

皇帝对张居正的充分信任,让他有足够的信心来整顿官场陋习。对于吏治,张居正一直在考虑打破旧有陋俗的办法。早在隆庆年间进《陈六事疏》时，他已经清楚地提出官员久任以责其成的办法。通常，官员的迁转会伴随着不同岗位或者地域的调整，例如在省一级的布政司、按察司之间，就通常会由按察司的佥事升布政司的参议，再由布政司参议升按察使的副使，而中央的官吏也是一样，在不同的部门不断地变换。理由呢，就是一个官员不宜在一个部门久任，以免造成利益固化。张居正的想法则不同，他从有利于发挥官员作用的角度出发，认为一个官员只有对自己的业务熟悉，知道自己的职守，才能更好地发挥作用，否则，"官守既失，事何由举"？因此，他对应地提出了一系列的办法：其一，对朝廷没有关键性影响的京官九个衙门的堂上官，即"小九卿"——太常寺卿、太仆寺卿、光禄寺卿、詹事府詹事、翰林学士、鸿胪寺卿、国子监祭酒、苑马寺卿、尚宝司卿，要更重视其专业性，"品级相同者，不必更相调用"，不必在几个品秩相同的岗位上挪来挪去。其二，外地的巡抚作为一省实际上的最高长官，"果于地方相宜，久者或就彼加秩，不必迁转他省"。其三，布按二司官，如参议久即可升参政，佥事久者即可升副使,不必互转数易,以滋劳扰。一句话,官员应该久任并且熟悉政事,从而在国家治理上可以发挥实效,而不必从控制、防范或者惯例的角度无谓地迁转改易。通过这样的久任之法,"则人有专职,事可责成,而人才亦不患其缺乏矣"。这是从人事的角度来看,追求任官长久以造福一方的成效。

从行政执行的角度,张居正也强调考成,即强调行政方面的执行力与实际效果。他在万历元年(1573)七月重谈他数年前的《陈六事疏》,说:"我在先帝时曾经上过便宜六事,其中之一就是要综核名实,但当时在位的人终究不能实际施行。从今以后,奏疏批示之后,各部都要设簿记录事项与完结日期,每月由六科给事中来纠察;地方的巡抚、巡按以及中央六部行动稽缓的,内阁将条列上奏以闻。"如此一来,从中央到地方,朝廷的中枢在内阁,中央的关键在六部等行政中枢部门,而地方的关键在巡抚与巡按这两个省级大员身上;正如张居正所说:"一方之本在抚、按,天下之本在政府。"因此,只有内阁、六部和地方抚按能够共同行动起来,考成法才不至于落空。当然,这个反映张居正行政改革核心观点的建议很快就得到万历皇帝的批准。

万历元年（1573），张居正奏上《请稽查章奏随事考成以修实政疏》，开启了以整顿吏治为目的的考成法改革。张居正坚定地认为，"天下之事，不难于立法，而难于法之必行；不难于听言，而难于言之必效"，规矩立起来容易，但是否能够得到遵守却不一定。如果要解决这一问题，就需要根据预设的目标对结果考核，所谓"考其终"。他指出，现在的官场每天都在提建议，立新法，但最后往往将这些做法以公文形式"传之四方"便草草了事，并不关心是否真的达到了除旧布新的效果。

作为对治的办法，张居正提出，要从公文制度的定期回覆上，来对整个官场的行政效率加以提升。张居正规定：今后六部、都察院等衙门在处理经皇帝批示过的题本和奏本并转行各衙门之时，要按照路途的远近、事情的缓急立定程限，然后置立文簿登记下来，到月底时注销，以便稽查事情的经办程度；六部、都察院同时要另造两份文册，一份送六科注销用，由六科在下一个月逐项核查注销，而六科每半年集中地类查簿内事件是否完销，有稽缓不完的就上本弹劾，一份则送内阁以备查考；至于检查中发现"未完"的，就由部院再立下时间期限，限期完成，如果不是紧要的，或者时间久远难以完成的，就根据实际情况奏请销除。如此一来，不仅监察机构六科可以监督行政执行机构的办事效率，内阁也可以对六科、六部的工作情况有通盘的掌握；从时间上来说，每月、每半年、每年不同的时间段里，都会有相应执行情况的检查，从而确保施政不流于形式，不流于文牍。

考成是务实，其对立面即是空言，而张居正对空言的反感出乎很多政治家之上。他对之前的政治，用了一句话概括，便是"明兴二百余年矣，人乐于因循，事趋于苦窳……议论蜂兴，实绩罔效"。他的对治之策，就是要人一心为公，务实力行，所谓"强公室，杜私门，省议论，核名实"。然而，无论是久任还是考成，归根结底将落在"吏治"二字上。张居正提出："安民之要，惟在于核吏治。"核吏治，无外乎奖勤廉、惩贪惰。张居正在隆庆六年的《帝鉴图说》中还特意记载了皇帝

"褒奖守令、召试县令"一类的事情，并请小皇帝效仿，亲自接见天下廉能的官员予以嘉奖，并破格赏拔。在行考成法的同时，张居正下定决心要清理官场多年留下来的积弊，尤其地方官场上迎来送往的陋习。他在给两广总督的信中说："监司抚按取受不严，交际太多，费用太泛，皆嘉隆以来积习之弊。各省大抵皆然。"太原知府被人告发没有正当理由驰驿而行，知府辩解说，那都是"相知者差人护送"，并不是自己索要的。为此，张居正致信山西巡抚，说："夫各抚按司道之公背明旨而以传驿徇人也，冀以避怨而施德也。"他指摘这种做法是拿国家的钱来徇私情。张居正还对山西巡抚说，你以前曾告诉过我，感觉这种情况在京官里已加振肃了，但"外之吏治民风，尚未丕变"——我很赞同你的看法。陋习的清理还得继续。然而，相比嘉隆年间，万历初年官场的行政效率已大为改善。清人唐甄评价："张居正之为相也，拜命之日，百官凛凛，各率其职，纪纲就理，朝廷肃然，其效固旦夕立见者也！"

考成法的成效是明显的。万历初年，六部处理行政事务时都很注意设立期限。例如，万历二年（1574）二月，兵部在批复大同总督王崇古修理边墙的禀文时，就专门规定边境地区每一段城墙的筑成时间：五年之内，修好大同沿边墙垣；三年之内，修好浑源右卫工程；两年之内，保证广灵、威远等墩堡的交付使用；如果到期限完不成任务，就要对王崇古按考成法黜斥记过。这种对行政事务限以时日完成的做法，对矫正晚明官场拖沓的作风无疑是极有意义的。

考成法的直接影响不仅体现在行政效率和吏治上，还反映到财政上。张居正要求地方官员积极清理历年拖欠的赋粮。官场拖沓之风盛行时，钱粮的拖欠成为司空见惯的现象，最后往往不了了之。但张居正掌权之后，"力振其弊，务责实效，中外凛凛，毋敢以虚数支塞"。数年后，张居正就感觉到，近年来"正赋不亏，府库充实"，都是因为行考成之法，各地征解如期，不敢拖延。

万历六年（1578），当时的户科给事中石应岳等人公允地评价说，"考成之法一立，数十年废弛丛积之政，渐次修举"，吏治大为好转。

丈量田亩

在政治和人事改革的基础之上,张居正还将改革向财政推进。入内阁之初,人们都在观察张居正将如何行政。友人吴旺湖得知他想做的一两件事后,与人说道:"我们以为张公柄政,当行帝王之道,现在看他的议论,不过富国强兵而已。"张居正听后,笑了笑:"旺湖过誉我了,我哪里能使国富兵强啊!"在张居正看来,富国强兵不啻自己的最高理想,较之空口的仁义要强许多。与读着儒家经典却绝口不谈经济利益的儒生不一样,张居正重视经济利益。孔子论政先谈"足食足兵",舜任命十二州的长官,就说"食哉惟时",而周公施政,能够整治军事,他们又何尝不希望国家富强呢?后世儒生讲究义利之辨，却绝口不谈富国之策，是一种倒退。张居正慷慨地说道："后世学术不明，高谈无实。剽窃仁义，谓之王道；才涉富强，便云霸术。不知王霸之辩、义利之间，在心不在迹，奚必仁义之为王、富强之为霸也。"

万历初年张居正辅政期间，明朝的财政危机已经很严重。之前嘉、隆两朝，明朝在南倭和"北虏"两条战线上开战，国库长期入不敷出。嘉靖七年（1528）到隆庆五年（1571）的四十多年中，太仓的银库就没有一年是有盈余的。万历初，财政形势仍然很紧张。张居正曾在给皇帝的上疏中说道："计每岁所入折色钱粮及盐课、赃赎事例等项银两不过二百五十余万，而一岁支放之数乃至四百余万，每年尚少银一百五十余万，无从措处。生民之骨血已罄，国用之费出无经。臣等日夜忧惶，计无所出。"收入二百五十多万两白银，支出却在四百多万两，已经是严重的入不敷出了。对这样的一种财政状况，张居正忧心忡忡。他说，古人治国量入为出，三年所入，必积有一年之余，而现在每年岁入都不能折抵岁出，一旦有意外的非常之事发生，需要额外的巨额支出，对一个国家而言，这在经济上是断断难以维系的。

这种状况是怎样悄无声息、不知不觉地就形成了呢？张居正有他独特的认识。他认为根源在于富家的土地兼并与赋税隐漏。他认为，富家大户对平民的土地兼并，以及因此而造成的国家赋税隐漏与不足，是财政困难的根本原因。官僚地主瞒报土地，造成赋粮无法落实到具体的田亩之上，而贫苦百姓又无力承担无穷无尽的摊派，便要么四处逃亡成为流民，要么就积年拖欠，越拖越多，已经到了不可能偿还的程度。这直接造成国家的税源严重不足。隆庆二年（1568）张居正的《陈六事疏》中指出，财源枯竭的根本原因在于"外之豪强兼并，赋役不均，花分诡寄，恃顽不纳田粮，偏累小民，内之官府造作，侵欺冒破，奸徒罔利，有名有实"，即大地主逃避赋税，而地方官府监管不力。因此，富家的兼并与隐没赋税，造成的后果是"私家日富，公室日贫"，而"国匮民穷，病实在此"。

万历初年，朝廷针对欺隐田粮的行为采取过坚定的限制和取缔措施，形成了专门的应对之法律

丈量田亩

条文。作为《大明律》的补充，万历《问刑条例》中规定："凡宗室置买田产，恃强不纳差粮者，有司查实，将管庄人等问罪，仍计算应纳差粮多寡，抵扣禄米……凡功臣之家，除拨赐公田外，但有田土，从管庄人尽数报官，入籍纳粮当差。违者一亩至三亩杖六十，每三亩加一等，罪止杖一百，徒三年，罪坐管庄之人，其田入官，所隐税粮依数征纳。"对身份高贵的皇室宗亲来说，不纳粮可以，但要用禄米抵扣，这对宗室而言，得不偿失。对一般的勋贵之家，贪占土地可能被处以刑罚，而钱粮依旧得补上。这两类人如果能得到治理，一般势豪大户自然不在话下。

为了根治兼并与逃避赋役的行为，张居正提议在全国范围内重新丈量土地，以强化国家对土地的掌握与控制。实际上，从十六世纪初的正德年间到隆庆年间，朝廷有识者也多认识到这一点，而朝廷屡屡提出要普遍丈量田亩，各地也都偶尔有一些成功的案例，但全国性的丈量却未能施行。张居正所大力推行的，是在全国范围重新丈量土地。不过，由于清丈的主要目的是要恢复和增加国家税收，清丈时的一条重要原则就是：税粮有漏失就需要重新清丈，如果税粮完整就不用清丈。万历六年（1578），张居正主导的清丈田亩工作率先在福建进行，由张居正的友人、时任福建巡抚的耿定向具体推行。万历八年（1580），福建清丈完成，而且颇有成效，于是张居正决定将清丈之法推行全国。万历九年、十年间，清丈田亩的工作在全国展开。

然而，清丈田亩一旦实施起来，马上遭遇不少的阻力。有人说，这样做的话，对民众逼得太急，"民且逃亡为乱"。张居正反驳说，百姓逃亡或作乱，通常是受到贪吏的盘剥与豪强的兼并所导致。现在侵占田亩的人是权豪之家，而不是一般的小民，因此清丈之法所针对的是那些兼并田亩的奸人，而不是良民。清丈田亩，普通老百姓就不用再摊派那些因田亩侵隐而完不上的赋税了，他们为什么会反对呢？又怎么会逃亡呢？清丈带来的赋税增加，确实主要源于一些富户。例如，在山东，清丈时就发现不少功臣在御赐的田土之外还有自己置办的田地，清丈之后，"自置田土自当与齐民一体办纳粮差，不在优免之数"，这样钦赐田土之外的田地就会尽数被查出，承担赋役。因此，张居正断言，反对清丈的必定是那些侵占兼并田亩的富室，而他本人绝不会对这些人妥协，也敢于"破家以利国，陨首以求济"，故浮议动摇不了自己清丈田亩的决心。

张居正说，丈田之事，"揆之人情，必云不便"，但是底下的人怕自己，反对的声音一定不敢传到自己耳朵里。清丈田亩之事，虽然会触及一些人的利益，但总体上对国家有利，按照自己"苟利社稷，死生以之"的行事风格，自然要毫不动摇地推行下去。他也清楚地认识到，从总体上来说，清丈之事对小民还是有利的。他说，"治理之道，莫要于安民"，现在要做的不必复有纷更，只需要记住太祖高皇帝的"怀保小民"四字而已。既然有这两方面的好处，即便得罪一些大户，也是可以不计较的。他说："清丈事，极其妥当。粮不增加，而轻重适均。将来国赋既易办纳，小民如获更生。……即有豪右小称不便，乃其良心亦自有不容泯者。事定之后，群喙自息矣。"一些地方官因为不切实执行清丈田亩工作，还受到了惩处。万历九年（1581）二月，松江知府阎邦宁、汝州知府郭四维、安庆知府叶梦熊、徽州府掌印官李好问，都因为"清丈田亩怠缓"受停俸的处分，戴罪管事。一些勋贵或宗戚试图阻挠清丈，也被惩办，像山西饶阳王府的几位宗室因为阻挠清丈，或被革去封号，黜为庶人，或革禄米。在张居正严厉督办下，清丈总体上是成功的，以至于后来一直到清朝还都以万历初年的田粮数作为征收赋役的基数。张敬修所撰的《太师张文忠公行实》中说，张居正清丈田亩是深思熟虑而后动，在高层与内阁大学士张四维、申时行等人也取得了意见统一，所以成效显著，"天下奉行惟谨，凡庄田、屯田、民田、职田、养廉田、荡地、牧地，皆就疆理，无有隐奸"。

清丈田亩是一件大事，张居正觉得要及时办好。他曾写信对山东巡抚何来山说道："清丈事，实百年旷举，宜及仆在位，务为一了百了。"因为要做个一了百了，所以要"从容求精"，"不宜草草速完"。当然，严令之下，地方官害怕清丈的成绩不突出而受到处罚，有时不顾某些地方因水旱灾害良田已成荒壤的实际，也不顾有些沿江沿湖的土地被冲塌湮没的实际，一概丈报升科，更有将大尺换成小尺的现象——使用"小弓"丈量，使辖区内的耕地面积能够有大幅的"增加"，从而造成民众赋税负担增加的弊端。但是，并不能因为有这样的弊端就否定万历时期全国清丈的必要性，更不足以否定万历清丈的积极贡献。清丈之后的全国田地面积，比清丈之前多出一百八十多万顷。万历清丈田亩的成就，于此可见一斑。

万历清丈除了使国家掌握的耕地面积扩大之外，还取得了其他几方面的效果：其一，清丈改变了税粮负担不均的状况，使长期以来税粮与土地分离的紊乱局面暂时得到改观，那些昔日没有土地却要承担税粮的农民摆脱了不公平的赋税负担。其二，在清丈基础上，明朝政府又重新编制了鱼鳞图册，而鱼鳞图册也成为此后按土地征收赋税的重要依据，此即所谓"坐图还粮"。其三，在清丈的同时，张居正还在全国统一亩制以及缴纳税粮的科则。凡此种种，又为之后的一条鞭法改革奠定了基础。

一条鞭法

张居正在财政方面的重要改革，就是推广"一条鞭法"。"一条鞭法"又被称作"一条编法"，或简称"条编"、"条鞭"。《明史·食货志》载："一条鞭法者，总括一州县之赋役，量地计丁，丁粮毕输于官。一岁之役，官为佥募，力差则计其工食之费，量为增减；银差则计其交纳之费，加以增耗。凡额办、派办，京库岁需，与存留、供亿诸费，以及土贡方物，悉并为一条，皆计亩征银，折办于官，故谓之一条鞭。"

一条鞭法的实质，就是将赋税和徭役合并，折成货币，即折算成白银缴纳，并且在征收方法上简化为一次编定。在实施一条鞭法前，赋和役的征收是分开的：赋以田亩为征收对象，收夏税和秋粮；役以户、丁为征收对象，分里甲、均徭、杂泛。实行一条鞭法，可以化繁为简，赋、役合并为一，以田亩、户丁两项为征收对象，使得以前以丁口为征收对象的役，可以部分地分摊到田亩上，从而改变少地农民承担重役的状况。政府所需要的役，则由政府从税银中拿出一部分统一雇人代役。这样的赋役征收，简化了程序，并避免吏胥在其中上下其手。一条鞭法最重要的精神，除了赋役合并，就是一概折银。所谓一概折银，在具体的事例上可以看得很清楚。以万历初年的邯郸县为例，实行一条鞭法之后，原来的夏税、秋粮、马草、驿传、马价、种马草料、均徭（银差、力差、听差）与里甲各项，全部折成银两，照着地亩和人丁的原则，加以均摊。

一条鞭法不是张居正的发明创造，而是从嘉靖朝以来南方各地的赋役征收中逐步发展出来的。类似于一条鞭法的赋役改革，据学者研究，最早可以追溯到成化十五年（1479），即王恕在南直隶实行的将丁银由丁、地共派的做法。嘉靖年间，南方各地陆续有推行类似"一条鞭法"的记载,如庞尚鹏的"十段锦之法"。海瑞在任淳安知县时,便称赞一条鞭法是"便民良法"。因此,张居正推广的一条鞭法,可以说是经过了近百年时间的发展历程。在这近百年的时间里,明朝的商业性农业迅速发展,市镇星罗棋布,白银的大量流入也解决了中国作为一个贫银国对白银的需求,确立了白银的货币地位,正是这些社会条件的成熟,使得以"赋役合并、一概折银"为主要特点的一条鞭法得以推行。张居正的贡献,则是排除干扰,将一条鞭法推广到北方以及其他还未实施一条鞭法的地区。万历九年(1581),一条鞭法取得全国性的合法地位。

一条鞭法的推行,并不是一帆风顺,而是在重重阻力中前行的。万历五年(1577),时任吏部侍郎杨巍写信给张居正,称一条鞭法有利于士大夫,但对老百姓有害。张居正给杨巍回信,提到条编之法,"有极言其便者,有极言其不便者",底下的意见并不统一。因此,他曾经拟旨要求在全国范围内的地方官择便而行,"果宜于此,任从其便;如有不便,不必强行",并没有采取一刀切的做法,"为一切之政以困民也"。

　　推行一条鞭法的关键，则在于得人。他写给湖广巡按向程的信中说，江陵知县朱正色力行一条鞭法，人们都以为他"刻核"，即刻薄。然而，张居正认为朱正色这样的官员是一位良吏。他进而解释说，朱正色所提出的"均差之议"，"其中综理，精当详密"，而"一条编之法，近亦有称其不便者，然仆以为行法在人，又贵因地，此法在南方颇便"。显然，张居正认识到一条鞭法是可以因地制宜的，并不是一个一概不变的成法，如果有人善于总结经验有序地推行，是可以取得成效的。为此，张居正还起用在嘉靖末年曾经推行过一条鞭法、后因故被罢斥为民的庞尚鹏，出任福建巡抚。结果，从万历四年（1576）至万历六年（1578）仅仅一年多的时间里，福建的大部分地区都开始改行条鞭，进度为诸省之冠。大理少卿宋仪望早在万历二年（1574）被派到矛盾最为复杂的南京一带任应天巡抚，推行一条鞭法。

　　张居正将一条鞭法推行至全国，作用显著：一是按田计赋，简化了征收手续，便于征输，二是将"本色"即粮米转为"折色"即银两,促进了国家财政从粮本位向银本位过渡,三是役的折银使农民从繁重的役中相对解脱出来,也就相对松弛了国家对农民的人身控制,客观上是有利于生产力的发展,而一概折银的货币征收方法,也顺应并推动了晚明整个社会商品经济发展的趋势。总体来说,张居正的财政改革取得了很好效果,缓解了明王朝的危机。

清丈田亩和实施一条鞭法,对扩大朝廷的收入确实起到了重要作用,为政府财政开了源,但张居正还强调尽量节流。为此,张居正裁减冗官冗费,抑制国家财政(包括宫廷用度)的支出,并加强对边镇钱粮的管理,减轻军费支出对财政的影响。

节俭的首要一点是从节俭宫中用度开始,"惟加意撙节,则其用自足"。甚至对小皇帝本人,张居正也要反复劝告他厉行节俭。万历二年(1574)元宵节临近,小皇帝爱热闹,想举行元宵灯节,便问张居正:"元夕鳌山烟火,祖制乎?"张居正说,元宵灯节不是祖制,接下来皇上大婚、皇帝的弟弟潞王出阁讲学,这些礼仪都要花很多钱,所以皇帝要"加意撙节,稍蓄以待用"。张居正一再告诫皇帝说,嘉靖一朝世宗用度极其浩繁,但内库银两却小有余积,到隆庆初年内库常积余百万两,如今每年会贡献一百二十万两金花银供皇帝开支,却常说内库缺银,定然是某些地方靡费过度,所以最好是能够将无名之赏、不急之费,一切可省的就省,可裁撤的即裁撤,这样仓库才可以渐实,临事不会仓皇无措。

万历初年,他多次遏制年轻的神宗皇帝从户部太仓库取银的想法,尽管有些劝阻最后没有效果。但是,他反复地劝说神宗,宫中的用度就只应该从内库取用,而减少入不敷出的关键是"节赏赉以省财用,停买办以宽民力"。皇帝的赏赐,动辄数百上千的银两,因此要特别地注意节省。就是一些惯例的赐宴行为,张居正也建议节省。按照修《实录》的规矩,《明穆宗实录》开馆纂修时,要在礼部赐宴,张居正却提出辞免,理由是:"一宴之资,动至数百金,省此一事,亦未必非节财之道。"即便是面对皇帝以孝道为借口的奢侈浪费之举,张居正也是以各种理由劝止。万历五年

（1577），皇帝命文书官口传圣旨，要修理慈庆宫和慈宁宫。慈庆宫是皇帝的嫡母仁圣皇太后陈氏所居宫殿，而慈宁宫是皇帝的生母慈圣皇太后李氏所居宫殿。张居正上疏劝止说，慈庆、慈宁二宫都是在万历二年（1574）兴工修建的，落成之日，巍崇隆固、彩绚辉煌，现在还未满三年，壮丽如故，没有必要翻新，况且以前有旨"以后不急工程，一切停止"，应当遵守以示信，更何况两宫圣母也希望皇上"祈天永命，积福爱民"，她们亦必不认为修理宫殿为孝心之举。皇帝听后，没有理由反对，只得命令停工。皇帝看到武英殿的藻绘有些剥落，便想修缮，也被张居正劝止。他认为皇帝并不经常去武英殿，日讲一般都是在文华殿，不宜徒费十几万两银子。

开源、节流双管齐下，万历初年的财政状况大为改善。张居正当国期间，户部太仓储银由之前每年的二百万两增加到每年三四百万两。到张居正辅政的末年，北京的储粮也达到七百万石，而这个数字已经是隆庆年间的三倍了，足可以供京营官军消费六年之久。仅仅管马的太仆寺所储的马价银，也达到四百万两。正是因为有了足够的财政积累，明朝廷才敢于在万历十年（1582）下令蠲免从隆庆元年（1567）到万历七年（1579）各省拖欠的赋粮一百余万石。《明通鉴》的作者夏燮说，"是时帑藏充盈，国最完富，故有是举"。因此，张居正的财政改革，毫无疑问收到了富国之效。历史学家黄仁宇先生曾说，如果没有张居正时代所积蓄的财富，万历三大征——1592—1598年的援朝抗倭战争、1592年平定哱拜的战争、1594—1600年平定杨应龙的战争——是根本不可能进行的。

整顿边事

张居正辅政期间的梦想,不过是富国强兵四字。富国是财政上的作为,强兵则体现为对军队与边防的整顿。"当今之事,其可虑者,莫重于边防",这是张居正在《陈六事疏》中的呼吁。除了《论时政疏》与《陈六事疏》对武备的讨论之外,他在给朋友的信函中,屡屡透露出整顿边备的打算。隆庆元年(1567)入阁后,面对俺答汗、土蛮等蒙古部落首领的不断入境骚扰,他感叹道:"今武备废弛如此,不及今图之,则衰宋之祸殆将不远。"他认为应该以宋代军事力量之弱为戒,"声容盛而武备衰,议论多而成功少,宋之所以不竞也"。

自明代中期以来，武将虽然还有较高的品秩，但在实际的军事行动上完全受制于总督、巡抚等文官，却是不争的事实。张居正自然不会改变文臣掌兵的设置，但却对武将予以更多的体恤。他曾经向皇帝透露，近年来有见识的士大夫都说"我祖宗用刀尖上挣来的天下，今日被笔尖儿上坏了"，进而建议文武并用，号召"文官把笔安天下，武将提戈定太平"。辽东大捷时，他在拟票时很明确地提出要先重赏总兵等武将。他说："昨者拟票，加恩该镇诸臣，首叙总兵，赐赍独厚。虽总督、巡抚身在地方亲理戎务者，亦视之有差。诚以摧锋陷坚，躬冒矢石，本诸将士之力，固非坐而指画者所可同也。"最后战功的排定，是总兵为最，巡抚稍次，总督更次一些。总之，那些冒着生命危险冲锋陷阵的将士，得到比总督、巡抚这些稳坐中军帐的指挥官更多的赏赐。这样对一线将士的重视，自然能使边镇将士效力，是借"朝廷大公之典，作九边将士之气"。他一改之前人们重文轻武的习惯，而主张对边镇将士加大爵赏，认为"各官果建奇功，即超格封拜"。

张居正对边镇防务尤其重视。他对边事的重视，是从隆庆年间开始的。宣府和大同与当时强盛的俺答汗密近，当然是他特别关注的边镇。除此之外，他还特别重视对蓟州、辽东一带的防务之整顿。他认为："今九边之地，蓟门为重，以其为国之堂奥也。"蓟州与蒙古骑兵之间，没有天险可恃，只有边墙作为一墙之隔，蒙古骑兵随时可以从喜峰口、黄崖口、古北口入境。辽东一带，之前因为明朝放弃了大宁一带，改由兀良哈三卫为明朝之藩篱，但兀良哈非但没有起到藩屏的作用，反而屡屡入境骚扰，造成当时辽、蓟门一带的不靖。为此，他派戚继光镇守蓟门，任用李成梁镇守辽东。隆庆元年（1567），徐阶的门生工科给事中吴时来向朝廷推荐谭纶、戚继光练兵蓟州，后来经张居正出面奏请，很快得到皇帝的批准。当年十月，谭纶任蓟辽总督，戚继光也调至蓟州。之后经过多年练兵，蓟州兵备大为改善。到隆庆六年（1572），蓟州练兵十万人，卓有成效，防守坚固，从此蒙古骑兵"无由入"，只能改而在辽东一带骚扰，也间接造就了辽东守将李成梁的战功。正是在隆庆年间，李成梁因张居正的提拔而得到重用,由险山参将进副总兵,隆庆四年(1570)任总兵,而辽东一镇也日渐坚不可摧。

张居正对边事还提出了不同的务实政策。与其他边镇可主动出击不同,对蓟镇的防务要求,他明确其地以防守为要务。他说:"此地原非边镇,切近陵寝,故在他镇以战为守,此地以守为守,在他镇以能杀贼为功,而此地以贼不入为功,其势居然也。"戚继光则是这种防守策略的忠实执行者之一。他在蓟州修建的长城于隆庆五年(1571)全部竣工,御敌能力大大增强。于是,在张居正的布置下,"蓟门十年以来,一矢不惊,军民安堵"。这种务实的防守策略收到了成效。

知人善任

安民之要，在于知人，这是张居正对人才的看法。在他辅政期间，他曾经命吏部尚书张瀚、兵部尚书谭纶将两京及在外文武官员自五军都督府都督以下、外官四品的知府以上的官员的职名、籍贯、出身、资格列举，制成一面巨大的屏风，张设在文华殿的后殿。屏风的中间三扇，绘着天下疆域图，左六扇列文官的职名，右六扇列武官的职名，用可以粘贴的浮帖粘在上面，以便随时更换。小皇帝日讲闲暇，就可以看到天下舆图及文武官员的职名，从而对舆地、官员了然于心。张居正本人，自然也不会放过任何一个了解官员的机会，他同时要求吏部和兵部每十天将升迁、调改的官员情况写下来，开送内阁。这样，张居正本人也对全国重要官员的履历了然于心了。

他爱惜真正为国尽职的人，惟恐他们受到伤害。他在写给友人的信中说："为国任事之臣，仆视之如子弟，既奖率之，又宝爱之，惟恐伤也。"对名将戚继光，张居正更是尽心护翼。戚继光最初是奉命总理蓟镇、昌平、保定三镇练兵事务，然而上有总督，下面各镇都有总兵，总理显得多余，用戚继光自己的话来说被"诸将视为缀疣"，无从施展才能。在张居正的协调下，戚继光改为"蓟州镇总理练兵事务兼镇守"，不仅保留了"总理练兵事务"的头衔和节制三镇总兵的权力，而且赋予了他直接统管蓟州军务的大权。戚继光及其南兵调往北方后，可能南兵多有违纪者，引起众议。张居正写信给蓟镇巡抚："戚帅才略，在今诸将中诚为希有，幸公以道眼观之。"当戚继光受到别人质疑时，他又写信给相关官员："戚之声名，虽著于南土，然观其才智，似亦非泥于一局而不知变者。……公如爱戚，惟调适众情，消弭浮议，使之得少展布，即有裨于国家多矣。"这是在向官员们强调戚继光不但在南方的抗倭战线上功绩卓著，而且调到蓟镇一带的北线，如果给予他充分的信任和空间，他是可以有所建树、有益于国家的。

蓟辽总督谭纶与蓟镇总兵戚继光主张在蓟镇一带筑台守险，修缮边墙，但有些人妒人有功，阻人成事，对此议论纷纷，以为靡费财用而无实用。但张居正居中支持，随事破妄，因机解惑，消除了相关异议。张居正甚至曾感慨："（蓟镇）台工之议，始终以为可行确然而不摇者，惟区区一人而已。"正是由于张居正的坚持，戚继光修筑的蓟镇长城才得以在万历初年巍然屹立，重于他镇。张居正甚至要在书信中对戚继光授以机宜，建议戚继光要和辑将士。戚继光在蓟门，带来的南兵受到北兵的排挤，张居正在信中提醒："窃闻北人积愤于南兵久矣，今见敌则必推之使先，胜则欲分其功，败则必不相救。"

对受到诬告的好官，张居正也多方保护。徐学谟曾经担任过荆州知府，在嘉靖四十三年（1564）反对被分封到湖广的景王朱载圳侵吞荆州沙市的田亩，被当地人称为"强项令"，是个刚正不阿的官员。后来有人罗织了罪名来陷害徐学谟,张居正就亲自写信给当时的湖广巡按御史陈于陛,告知时任湖广副使的徐学谟在治理荆州府时"甚有政绩",但因有才华有操守反而"屡憎于人",要求地方官员对相关的诬告要"博访而审听",为徐学谟讲了公道话。

对真正为国立功的人,张居正不吝赏赐,破格提拔。张居正辅政期间,不少有才能的官员被破格擢升。华亭人曹子锐,字芹泉,吏员出身,后渐升为县丞、通判一类的小官,但"不私一钱",以廉洁闻名,被提拔为两淮运副,后来以疏浚高家堰之功,再擢拔为从四品的盐运司同知。潘季驯受命治理黄河,采取"以黄济运,以水攻沙"之策略,消除了黄河的隐患,在万历八年(1580)由工部侍郎进为工部尚书,加太子少保,官正二品。潘季驯还为治河有功的五位州同知请功。由于这五位州同知的出身都不是举人、进士那样的"正途",其中三人是贡生出身,有两人更是由吏员出身,吏部对这五位"第一学历"较低的官员的提拔就小气了,拟让这五人任地方布政司、按察司或都司的首领官,张居正统一都让他们升任府的正六品通判一职，说"不如是不足以劝有功而厉任事之臣也"。他还感慨地跟潘季驯说："有功之人，不但宜加以爵禄，还须时时在念，不可忘也。"作为一个身居高位、日理万机的人，能把一般人才为国家做事的功劳惦记在心上，是多么地难能可贵！

　　人才有各种各样，贵在因才任使。而且，人无完人，有缺点的人才并不需要一概弃置。张居正认为，对不同的人材要善于区别使用。例如，他认为一些武将"即有瑕颣，犹可驱策而用之"，而不必一概弃而不用。当然，张居正也不是一味无视人才的缺点，例如，他对李成梁一方面优容，鼓励他为国效力，另一方面对李成梁的骄恣则不断地小加惩戒，并不包庇其虚报军情、杀降冒功及贪贿等劣行。

鞠躬尽瘁

张居正的心中有国家。当然,在封建时代,君主就代表着国家。因此,尊敬君上,是张居正始终秉持的底线。这在某种程度上也是当初徐阶"还威福于主上"的政策的延续。张居正对宋代宰相窃权的做法很不以为然,曾在给友人的信中说:"宋时宰相卑主立名、违道干誉之事,直仆之所薄而不为者。"他对皇帝是竭力尽忠的。他感慨道:"臣于皇上,义为君臣,情同一体。"正是出于这样的忠忱,竭一己之力以弼成国家之治,是万历初年张居正的最大的梦想。他在之前的《谢赐敕奖赏疏》中对万历小皇帝说,自己愿"鞠躬尽瘁,赞一人垂拱之休",意思是自己可以尽心操劳,让小皇帝垂拱而治。

或许有人认为张居正恋栈，贪恋权势。然而，早在万历四年（1576），张居正对自己所处的境地就有清醒的认识。他对万历皇帝说："臣之所处者，危地也；所理者，皇上之事也；所代者，皇上之言也。"但是即使认识到自己身在危地，面对人们对他擅作威福的指责，他慷慨地说道，如果自己"勉为巽顺以悦下"，就难逃负国之罪；在负国之罪与擅权之讥之间，他宁愿选择后者，而置个人得失于全然不顾。他说过，"高位不可以久窃，大权不可以久居"。然而，为了国家的长治久安，他似乎已顾不了许多。太后及皇帝对他的信任，也让张居正觉得难以为报。他认为万历小皇帝对他"纯心见任，既专且笃"，比之成王对周公都有过之而无不及。

献身的精神，是他年轻时就有的志向。他在给吴尧山的信中说，"二十年前，曾有一弘愿，愿以其身为蓐荐，使人寝处其上，溲溺之，垢秽之，吾无间焉"。献身的精神，也源于他对佛教《华严经》的理解。他在给陆光祖的信中说到自己早年读诵《华严经》时的感觉，是感到"广大含摄，解脱无碍"。在写给曾经任荆州知府并指导过自己学业的李元阳的信中，他提到在隆庆五年（1571）读《华严经》悲智偈时触发的一种心愿，"愿以深心奉尘刹，不于自身求利益"。

每一个人在每一个位置上，都应该有自己的担当。张居正认为，有些外地的督抚大员"膺阃外重寄"，本来在行事可否之间应该有自己的主意，但很多督抚却总是窥测庙堂如何打算，再作自己的安排，实在是不称职。因此，当隆庆皇帝将万历小皇帝以及国事托付给他的时候，他"唯知办此深心，不复计身为己有"。还是在写给李元阳的信中，他坦承自己的心绪，就是当初"不于自身求利益"的宏愿并未完全实现，"昔有一弘愿，所作未办，且受先皇顾托之重"，所以不论遭受多少的误解，都只能忍受，而不敢离职而去。张居正在内阁与李春芳共事时，二人有一个共同的愿望，就是"委身致主"，尽自己的能力辅佐皇帝。在成为首辅之后，张居正又如何辅佐十余龄的皇帝？他的心思是更为坚决了。他对友人说，自己"以一竖儒，拥十余龄幼主，而立于天下臣民之上"，如果威德不建，人们就会有玩心，因此自己的心肠必须十分坚硬。他曾决绝地说过："使吾为刽子手，吾亦不离法场而证菩提。"他把自己比喻成一个做刽子手也要使国家走上正轨的人。

万历五年（1577），父亲张文明逝世，一时间舆论要求张居正归乡守制，攻击他贪位恋栈。他分辩说，自己留在京城，"实守制以俻顾问耳，与夺情起复者不同"，所以上不领取俸禄，下不与群臣交往，"惟赤条条一身，光净净一心，以理国家之务，终顾命之托，而不敢有一毫自利之心"。他甚至说，即便说自己恋栈，自己也决不犹豫，恋栈就恋栈。他说，"恋之一字，纯臣所不辞"，而不像有些人臣一旦得到好的位置，便"各自好自保，以固享用"。自己受先帝顾命之托，"身当重任，谊不得不弃家以为国，忘身而徇主"，那些悠悠之口哪里需要顾恤呢？为了国家，不但一时之毁誉不计，"既万世之是非，亦所弗计"。

万历十年（1582）六月二十日，一代名臣张居正病逝。万历皇帝为之辍朝一天，给予张居正崇高的待遇：谥文忠，赠上柱国衔，荫一子为尚宝司丞。然而，张居正死后，他辅政期间独操大权而酿成的怨恨之情，也开始慢慢地宣泄出来。万历十二年（1584）四月初九日，湖广荆州府的辽王府次妃王氏声称张居正生前曾抢夺辽王府的产业。绝情寡义的万历皇帝下令，派宦官张诚及刑部右侍郎丘橓前往荆州查抄张府。抄家中，张居正长子张敬修抵刑不过，留下一份遗书，自杀了断。

对万历皇帝来说，清算张居正是自己开始亲政的基础。在政治上打倒张居正，也就树立了皇帝自己的权威。清算了张居正之后，万历皇帝彻底自由了。然而，张居正死后，他的改革事业被彻底摧毁，明朝再一次由治入乱，转入厄途。接任的大学士们，无论是张四维、申时行还是王锡爵，都以张居正为戒，一味软熟。万历皇帝在短暂的勤政后，开始了明代历史上持续时间最长的怠政，二十多年不上朝。于是，纲纪废弛，百弊丛生，明朝在耀眼的暮光之后，沿着衰亡的轨迹继续下滑。

张居正是"工于谋国，拙于谋身"的改革家，为国尽忠，却祸起于身后。然而，历史自有公论。

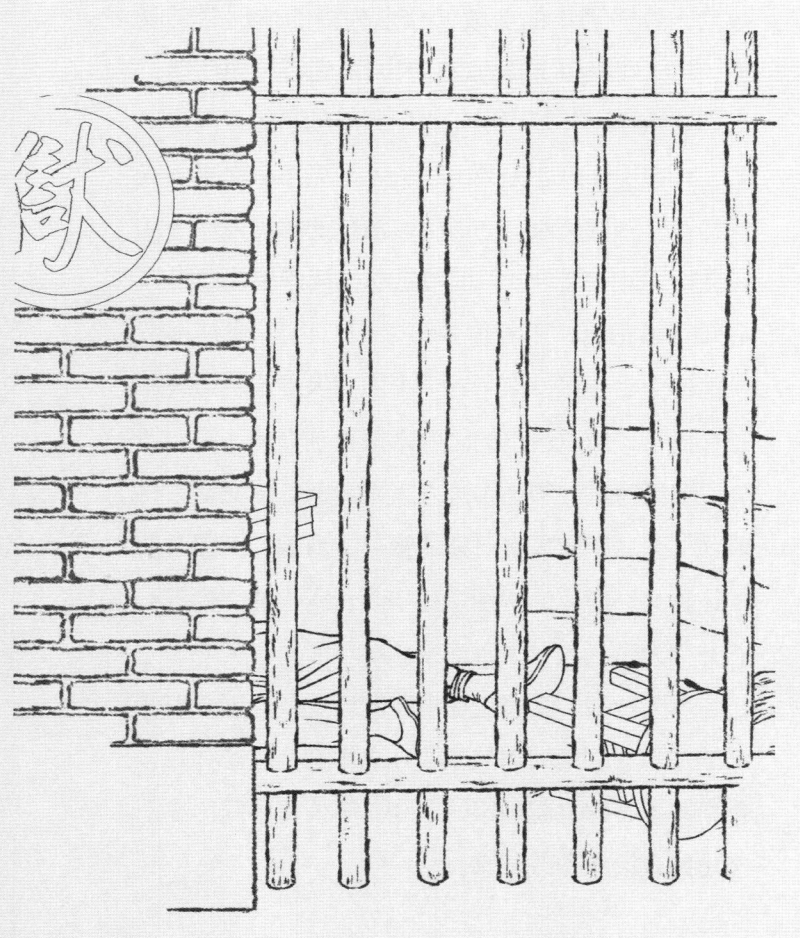

张居正长子张敬修抵刑不过,留下一份遗书,自杀了断。

明代著名的思想家李贽（1527—1602）谈及当时的政治人物一遇小的变故便仓皇失措的情形时感叹道："今日真令人益思张江陵也！"到万历朝后期，人们开始怀念起万历初年张居正所创造的"内难不萌，外患不作，北无敌国之礼，南无擅命之雄，五兵朽钝，四民义康"的时代。清代的林潞曾作《江陵救时之相论》，说："思陵之季，抚髀思江陵，而后知得庸相百，不若得救时之相一也！"崇祯皇帝统治的十七年里，换了五十个内阁大学士，最终还是亡国了，所以这里的感叹来得特别真切！梁启超先生曾经写过一篇《中国六大政治家》的文章，将明代的张居正和先秦时期的管仲、商鞅，三国时期的诸葛亮，唐代的宰相李德裕以及宋代的宰相王安石并列为古代六个大政治家。

今天看来，张居正在当时的历史条件下，以非常的才华、刚绝的勇气和非凡之举措，改革弊政，革新政治，建立起耀眼的业绩，不愧是中国历史上杰出的政治家和改革家。

张居正
生平简表

● ◎ 嘉靖四年（1525）

生于湖广荆州府江陵县，取名张白圭。

● ◎ 嘉靖十三年（1534）

读书通六经大义，善作文，闻名府中。

● ◎ 嘉靖十五年（1536）

得到荆州知府李士翱、提学官田顼的赏识，入荆州府学为生员，改名居正。

● ◎ 嘉靖十六年（1537）

往武昌第一次参加乡试，未中。

● ◎ 嘉靖十九年（1540）

往武昌第二次参加乡试，以《礼记》经中湖广乡试第三十名举人。

● ◎ 嘉靖二十二年（1543）

受知于荆州知府李元阳。始涉猎佛学。

● ◎ 嘉靖二十三年（1544）

在北京第一次参加礼部举行的会试，未中。

● ◎ 嘉靖二十六年（1547）

在北京参加会试、殿试，中进士，选为翰林院庶吉士，入翰林院肄习。

● ◎ 嘉靖二十八年（1549）

庶吉士散馆，授官翰林院编修，上《论时政疏》，指出当时宗室骄恣、庶官瘝旷、吏治因循、边备未修、财用大匮五大弊，但没有得到朝廷重视。

● ◎ 嘉靖二十九年（1550）

蒙古俺答汗率军逼近京城，内阁大学士严嵩畏葸不敢战，兵部尚书丁汝夔作为替罪羊被处死，大将军仇鸾却以战捷之功升官。张居正在京城目睹政事及兵备之混乱，大为愤慨。

● ◎ 嘉靖三十一年（1552）

恩师徐阶以礼部尚书入阁为内阁大学士。

● ◎ 嘉靖三十三年（1554）

告假归乡。临行前致信徐阶，指出当时政治与社会的三个重要弊端，即：皇帝与大臣缺乏沟通，大臣缺乏担当；整个社会损下益上，贫富分化严重；士气颓靡，寡廉少耻。

● ◎ 嘉靖三十四年（1555）

于小湖山中修学农园,读书学农其间。

● ◎ 嘉靖三十九年（1560）

赴京,升右春坊右中允,管国子监司业事,与时任国子监祭酒高拱相处融洽。

● ◎ 嘉靖四十一年（1562）

恩师徐阶代严嵩任内阁首辅大学士,荐充《承天大志》副总裁,仅八月而书成。

● ◎ 嘉靖四十二年（1563）

以右春坊右谕德兼任裕王府讲官,辅导裕王朱载垕。

● ◎ 嘉靖四十五年（1566）

升翰林院侍读学士,署掌翰林院事。嘉靖皇帝去世,为徐阶援引共同起草遗诏。

● ◎ 隆庆元年（1567）

晋升礼部右侍郎，改吏部左侍郎，兼东阁大学士，入阁参预机务，升礼部尚书，兼武英殿大学士。

● ◎ 隆庆二年（1568）

在内阁，上《陈六事疏》，提出"省议论、振纪纲、重诏令、核名实、固邦本、饬武备"等六个方面的政治构想。

● ◎ 隆庆四年（1570）

在内阁，力促俺答封贡之议，次年朝廷封蒙古俺答汗为顺义王。

● ◎ 隆庆六年（1572）

隆庆皇帝卒，万历小皇帝即位。不久，取代高拱成为内阁首辅大学士。进呈《帝鉴图说》。

● ◎ 万历元年（1573）

上《请稽查章奏随事考成以修实政疏》，开始实施考成法。

● ◎ 万历二年（1574）

修《明穆宗实录》成并进呈。

● ◎ 万历三年（1575）

恢复起居注制度，令日讲官记起居注。

● ◎ 万历四年（1576）

重修《大明会典》，以备一代典制。

● ◎ 万历五年（1577）

修《明世宗实录》成并进呈。父亲张文明逝世，夺情留任。

● ◎ 万历六年（1578）

归乡葬父。万历皇帝命以三月为期，葬毕即上道回朝。清丈田亩工作在福建率先实施。

● ◎ 万历七年（1579）

以士大夫讲学者众，议论多而实行少，命毁书院。

● ◎ 万历八年（1580）

以田赋不均，命全国范围内开始清丈田亩。

● ◎ 万历九年（1581）

在全国范围内普遍推行一条鞭法。

● ◎ 万历十年（1582）

六月二十日，病卒。